D1754190

MIX
Papier aus verantwortungsvollen Quellen
Paper from responsible sources
FSC® C105338

Amanda Williams

Versicherung für Minderheiten

Ethno-Marketing als Wachstumsmöglichkeit

Diplomica Verlag GmbH

Williams, Amanda: Versicherung für Minderheiten: Ethno-Marketing als Wachstumsmöglichkeit. Hamburg, Diplomica Verlag GmbH 2013

Buch-ISBN: 978-3-8428-9791-5
PDF-eBook-ISBN: 978-3-8428-4791-0
Druck/Herstellung: Diplomica® Verlag GmbH, Hamburg, 2013

Bibliografische Information der Deutschen Nationalbibliothek:
Die Deutsche Nationalbibliothek verzeichnet diese Publikation in der Deutschen Nationalbibliografie; detaillierte bibliografische Daten sind im Internet über http://dnb.d-nb.de abrufbar.

Das Werk einschließlich aller seiner Teile ist urheberrechtlich geschützt. Jede Verwertung außerhalb der Grenzen des Urheberrechtsgesetzes ist ohne Zustimmung des Verlages unzulässig und strafbar. Dies gilt insbesondere für Vervielfältigungen, Übersetzungen, Mikroverfilmungen und die Einspeicherung und Bearbeitung in elektronischen Systemen.

Die Wiedergabe von Gebrauchsnamen, Handelsnamen, Warenbezeichnungen usw. in diesem Werk berechtigt auch ohne besondere Kennzeichnung nicht zu der Annahme, dass solche Namen im Sinne der Warenzeichen- und Markenschutz-Gesetzgebung als frei zu betrachten wären und daher von jedermann benutzt werden dürften.

Die Informationen in diesem Werk wurden mit Sorgfalt erarbeitet. Dennoch können Fehler nicht vollständig ausgeschlossen werden und die Diplomica Verlag GmbH, die Autoren oder Übersetzer übernehmen keine juristische Verantwortung oder irgendeine Haftung für evtl. verbliebene fehlerhafte Angaben und deren Folgen.

Alle Rechte vorbehalten

© Diplomica Verlag GmbH
Hermannstal 119k, 22119 Hamburg
http://www.diplomica-verlag.de, Hamburg 2013
Printed in Germany

Inhaltsverzeichnis

Abkürzungsverzeichnis iii

Abbildungsverzeichnis iv

Tabellenverzeichnis v

1 Einleitung 1
   1.1. Problemstellung 1
   1.2. Ziel des Buches 2
   1.3. Begriffserläuterung 2
      1.3.1. Ethnische Gruppen 2
      1.3.2. Ethno-Marketing 3
      1.3.3. Online-Marketing 4
      1.3.4. Versicherungsunternehmen und –vermittler 4
      1.3.5. Versicherungsprodukte 5
      1.3.6. Marktanalyse 7

2 Konzeption der Marktanalyse 8
   2.1. Definition des Marketingproblems und der Forschungsziele 8
   2.2. Datenquellen 8
   2.3. Datenerhebungsmethode 9
   2.4. Datenerhebungsinstrument 10
   2.5. Stichprobenplan 12
      2.5.1. Festlegung der zu untersuchenden ethnischen Gruppen 13
      2.5.2. Festlegung der zu untersuchenden Versicherungsprodukte 14
   2.6. Befragungsform 17

3 Durchführung der Marktanalyse 18
   3.1. Datenerhebung 18
   3.2. Daten- und Informationsanalyse 18
      3.2.1. Datenaufbereitung 18
      3.2.2. Datenauswertung 19
   3.3. Darstellung der Ergebnisse 20
   3.4. Treffen der Entscheidung 24

4 Konzeption einer onlinebasierten Ethno-Marketingstrategie für Türkeistämmige . 26
   4.1. Situationsanalyse 27
   4.2. Zielformulierung und Positionierung 27
   4.3. Strategie-Entwicklung und Umsetzung im erweiterten Marketing-Mix 32
      4.3.1. Produktpolitik 33
      4.3.2. Preispolitik 35
      4.3.3. Distributionspolitik 37
      4.3.4. Kommunikationspolitik 37

	4.3.5.	Servicepolitik	40
	4.4.	Kosten-Nutzen-Analyse	41
	4.5.	Aktionsplan und Controlling	42
5		Fazit und Empfehlung	45

Literaturverzeichnis vii

Internetverzeichnis x

Anhang xiv

    A   Suchmaschinenauswertung – Tab Einstellungen xiv

    B   Suchmaschinenauswertung – Ergebnisse Englisch xv

    C   Suchmaschinenauswertung – Ergebnisse Italienisch xx

    D   Suchmaschinenauswertung – Ergebnisse Polnisch xxv

    E   Suchmaschinenauswertung – Ergebnisse Russisch xxx

    F   Suchmaschinenauswertung – Ergebnisse Türkisch xxxv

Abkürzungsverzeichnis

BUV	Berufsunfähigkeitsversicherung
FQDN	Fully Qualified Domain-Namen
KFZV	Kraftfahrzeugversicherung
LV	Lebensversicherung
PHV	Privat-Haftpflichtversicherung
TNS	Taylor Nelson Sofres plc. (Marktforschungsunternehmen)
UV	Unfallversicherung

Abbildungsverzeichnis

Abbildung 1: Suchmaschinen-Ergebnis bei Yahoo! bei gleichen FQDN 12
Abbildung 2: Personen mit Migrationshintergrund nach Herkunftsländern/-regionen.. 13
Abbildung 3: Merkmalsausprägungen der dichotomen Fragen aller Sprachen 20
Abbildung 4: Mittelwerte der skalierten Fragen aller Sprachen.................................... 21
Abbildung 5: SOSTAC® Planungsmodell für Internet-Marketing................................ 27
Abbildung 6: Altersstruktur der Personen mit türkischem Migrationshintergrund........ 30
Abbildung 7: Altersstruktur der deutschen Bevölkerung insgesamt 30

Tabellenverzeichnis

Tabelle 1: Blickerfassungs-Studie von Suchergebnissen 11
Tabelle 2: Merkmalsausprägung „Ja" der dichotomen Fragen nach Sprachen 22
Tabelle 3: Mittelwert der skalierten Fragen nach Sprachen 22
Tabelle 4: Zusammenführung dichotomer und skalierter Fragen nach Sprachen 23
Tabelle 5: Zusammenführung dichotomer und skalierter Fragen nur türkisch 24
Tabelle 6: Kosten-Nutzen-Analyse für die Ethno-Marketingstrategie 42
Tabelle 7: Aktionsplan für die Ethno-Marketingstrategie 43

1 Einleitung

„Die ökonomische, soziale und kulturelle Vernetzung war noch nie so ausgeprägt wie zu Beginn des 21. Jahrhunderts."[1]

1.1. Problemstellung

Durch die Globalisierung treten immer mehr Teilnehmer in den Markt ein und sorgen für einen **verstärkten Wettbewerb auf der Angebotsseite**. Besonders branchenfremde Unternehmen, wie Banken und Warenhäuser, konkurrieren zunehmend auf dem Versicherungsmarkt. Diese Cross-Seller kämpfen mit Versicherern um demografisch bedingt immer weniger Kunden. Zur Schaffung und Sicherung dauerhafter Wettbewerbsvorteile ist dabei eine verbesserte Wettbewerbsstrategie eine wichtige Voraussetzung.

Auf der **Nachfrager-Seite ändert sich** zudem, vor allem durch diverse Anwerbeabkommen seit 1955, **die Gesellschaftsstruktur**. Für das Jahr 2008 gibt das Statistische Bundesamt an, dass 19 Prozent der Bevölkerung Deutschlands einen Migrationshintergrund hatten. Immer mehr Migranten sind mit ihren Familien, sogar in der zweiten oder dritten Generation, in Deutschland verwurzelt.

Bei diesem Kundensegment wurden scheinbar bislang die Kaufkraft sowie das besondere Kaufverhalten unterschätzt. Doch genau dieses Segment bietet viel **Potential** für Unternehmen, die auf der Suche nach Wettbewerbsvorteilen, die **Fokussierung** ihrer Marketingaktivität anstreben (Ethno-Marketing).[2] Es zeigt sich, dass 53 Prozent der Versicherungsunternehmen, die auf Kundengruppen fokussierten, Umsatzzuwächse verzeichnen konnten.[3]

---

[1] http://www.bpb.de/publikationen/E98OCJ,1,0,Zwischen_Regulierung_und_Deregulierung.html, 21.09.2010, 19:33 Uhr
[2] Vergleiche (Vgl.) Porter, M. (1998), Seite (S.) 38 f.
[3] http://www.markt-studie.de/absatzwirtschaft/versicherungen-potenziale-2007-p-10108.html#anker0, 29.12.2010, 11:53 Uhr

1.2. Ziel des Buches

Mit diesem Buch soll aufgezeigt werden, welch ein unbedientes Ertragspotential das Kundensegment der ethnischen Gruppen für die Versicherungswirtschaft aufweist. Eine Marktanalyse durch Auswertung von Internetsuchmaschinen-Ergebnissen soll die dazu nötigen Fakten liefern. Auf dieser Basis wird ein umfassendes Konzept zur Erschließung eines attraktiven Subsegments durch den Einsatz des Marketing-Mix über das Internet erwartet.

1.3. Begriffserläuterung

1.3.1. Ethnische Gruppen

Für die Begriffsdefinition der ethnischen Gruppen ist die Definition der Personen mit Migrationshintergrund wichtig. Das Statistische Bundesamt zählt zu den **Personen mit Migrationshintergrund** im engeren Sinne (i. e. S.) alle, die

- durchgehend eine ausländische Staatsangehörigkeit besitzen oder
- im Ausland geboren wurden und nach 1949 zugewandert sind oder
- in Deutschland geboren wurden und eingebürgert wurden oder
- ein Elternteil haben, das zugewandert ist, eingebürgert wurde oder eine ausländische Staatsangehörigkeit besitzt.[4]

In dieser Personenmenge lassen sich mithilfe folgender Definition der klassischen Soziologie einzelne ethnische Gruppen identifizieren: „Wir wollen solche Menschengruppen, welche auf Grund von Ähnlichkeiten des äußeren **Habitus** oder der **Sitten** oder beider oder von **Erinnerungen an Kolonisation und Wanderung** einen subjektiven Glauben an eine **Abstammungsgemeinsamkeit** hegen,[…] „ethnische" Gruppen nennen."[5]

---

[4] Vgl. http://www.destatis.de/jetspeed/portal/cms/Sites/destatis/Internet/DE/Content/Statistiken/Bevoelkerung/MigrationIntegration/Migrationshintergrund/Aktuell,templateId=renderPrint.psml, 18.01.2011, 23:40 Uhr
[5] Weber, M. (2001), S. 174.

Die Definition der Personengruppe der Ausländer, also alle Personen, die nicht über eine inländische Staatsangehörigkeit verfügen,[6] ist nicht ausreichend. Durch die Möglichkeit, die Staatsangehörigkeit zu wechseln oder zwei Staatsangehörigen zu besitzen, ist keine klare Aussage mehr über ihre Wurzeln möglich.

Ethnische Gruppen verbindet eine gemeinsame Herkunft und Vergangenheit und führt unter anderem (u. a.) zu einem „wir-Gefühl", das sie oft von anderen abgrenzt.

1.3.2. Ethno-Marketing

„Für das Marketing kann eine ethnische Gruppe nur insofern ein vorhandenes Segment darstellen, wenn sie eine Identifikation mit sich selbst besitzt und damit empfänglich ist für eine gezielt Ansprache, die die Besonderheiten der ihr eigenen Kultur und Herkunft berücksichtigt."[7]

Ethno-Marketing ist demnach die **Ausrichtung der Marketingaktivitäten** auf eine **Zielgruppe**, die sich aufgrund von **„historischen, kulturellen und sprachlichen Gegebenheiten von der Bevölkerungsmehrheit in einem Land unterscheidet**. Die Unterschiede können Einfluss auf psychographische Kriterien wie [...] andersartige Einstellungen, Motive oder Bedürfnisse haben. Diese Kriterien zeigen sich in einem Konsumentenverhalten, welches von dem der Mehrheitsgesellschaft abweicht."[8]

Die Schwierigkeit besteht für Unternehmen nicht nur darin die Werbung in andere Sprachen zu übersetzen, sondern die kulturellen Besonderheiten zu beachten und zu nutzen. Ihr Humor, ihre Werte und ihre Tabus sind unterschiedlich. Bei Nichtbeachtung kann dies nicht nur dazu führen, dass die Werbung nicht verstanden wird, sondern auch zu einer Beleidigung.[9] So hat der Siemens-Konzern den Türken einen speziellen Feiertagsgruß zukommen lassen mit den Worten „den türkischen Mitbürgern ein frohes Weihnachtsfest".[10]

---

[6] http://www.bpb.de/popup/popup_lemmata.html?guid=N1YNQQ, 05.01.2011, 20:17 Uhr
[7] Brauer, B. (2004), S. 5.
[8] http://wirtschaftslexikon.gabler.de/Definition/ethno-marketing.html, 13.12.2010, 19:00 Uhr
[9] Vgl. http://www.absatzwirtschaft.de/CONTENT/_p=1004040,sst=LSk33CBmH6ERJ%252bgrzvqnt TX9XWAC9zzSCGNM6mb9%252bCM%253d, 16.01.2011, 18:32 Uhr
[10] Vgl. Kraus-Weysser, F./ Ugurdemir-Brincks, N. (2002), S. 29.

1.3.3. Online-Marketing

Online-Marketing, u.a. auch als Internetmarketing bezeichnet, beschreibt das **Erreichen von Marketingzielen durch die Anwendung digitaler Technologien** (englisch: „Achieving marketing objectives through applying digital technologies").[11] Es umfasst zum Beispiel (z. B.) Website-, E-Mail-, Suchmaschinen-, Social Media- und Affiliate-Marketing sowie Bannerwerbung.

Online-Marketing soll Ziele der Neukundengewinnung und der Entwicklung der bestehenden Kundenbeziehungen unterstützen. Es stellt eine Ergänzung der Marketingaktivitäten eines Unternehmens dar und muss daher mit klassischen Medien wie Print (Postwurfsendungen, Zeitschriften und Zeitungen), Elektronischen Medien (Fernsehen, Kino und Radio) sowie sonstigen Medien (Plakatwerbung) als Multikanal-Marketing-Kommunikation betrieben werden.[12]

Das Online-Marketing bringt nicht nur den Unternehmen Vorteile. Auch für Kunden ist es vorteilhaft. Beispiele für Vorteile sind die Mühelosigkeit durch die Rund-um-die-Uhr verfügbaren Informationen und Produkte, die leichtere und schnellere Vergleichbarkeit der Produkte sowie die entfallende Aufdringlichkeit durch Verkäufer. Unternehmen bietet das Internet folgende Möglichkeiten: schnellere Marktanpassung, Kosteneinsparungen bei Vertriebskosten, leichterer Aufbau von Kundenbeziehungen sowie einer verbesserten Messung der Werbewirkung.[13]

1.3.4. Versicherungsunternehmen und –vermittler

Als Versicherungsunternehmen oder Versicherer werden „Unternehmen, die den **Betrieb von Versicherungsgeschäften** haben und nicht Träger der Sozialversicherung sind", bezeichnet.[14] Im Jahr 2009 wurden 596 Versicherungsunternehmen in Deutschland von der Bundesanstalt für Finanzdienstleistungsaufsicht erfasst.[15]

---

[11] Chaffey, D. u. a. (2009), S. 9.
[12] Vgl. ebd.
[13] Vgl. Kotler, P. u. a. (2007), S. 984.
[14] Vgl. http://www.gesetze-im-internet.de/vag/B.JNR001390901.html, § 1 Abs. 1 VAG, 19.12.2010, 16:00 Uhr
[15] Vgl. https://secure.gdv.de/gdv-veroeffentlichungen/upload_img/144_dwl.pdf, S. 9, 20.11.2010, 11:46 Uhr

Sie unterteilen sich in Erst- und Rückversicherer und übernehmen dabei unterschiedliche Funktionen. Erstversicherer wie Allianz SE oder ERGO Versicherungsgruppe AG versichern Risiken von Endkunden, die natürliche oder juristische Personen sein können. Rückversicherer wie Münchener Rückversicherungs-Gesellschaft AG versichern dagegen die Risiken anderer Versicherungsunternehmen.[16]

Dieses Buch bewegt sich im Bereich der Versicherungen der Risiken natürlicher Personen. Die reine Bezeichnung ‚Versicherungsunternehmen' bezieht sich im Folgenden immer auf Erstversicherer.

Versicherungsvermittler sind natürliche oder juristische Personen, die **Versicherungen gegen eine Vergütung vermitteln**. Die Vermittlung erfolgt dabei gegenüber einem Versicherungsunternehmen oder einem anderen Versicherungsvermittler und gegenüber dem Versicherungsnehmer (Kunde).[17] Sie werden in zwei Grundarten unterteilt:
- Versicherungsvertreter: Sie sind vertraglich an einen oder mehrere Versicherer gebunden und verkaufen im Auftrag dessen.
- Versicherungsmakler: Sie sind frei in der Entscheidung für einen Versicherer und werden von Versicherungsnehmern beauftragt den gewünschten Versicherungsschutz einzuholen. Sie wahren die Interessen des Versicherungsnehmers.

Versicherungsvermittler übernehmen in ihrer Vermittlungs-Funktion die Überbrückung sowohl räumlicher Distanzen als auch die Überwindung von Informationsasymmetrien zwischen Versicherer und Versicherungsnehmer. Jeder dieser Parteien kennt seinen Bedarf beziehungsweise (bzw.) sein Angebot am besten.[18]

1.3.5. Versicherungsprodukte

Das Versicherungsprodukt ist die von Versicherern **verkaufte Dienstleistung**. Der Versicherer sichert zu nach Eintritt einer vorher vereinbarten Bedingung (dem Versicherungsfall) eine Versicherungsleistung zu erbringen. Der Versicherungsnehmer **überträgt** damit dem Versicherer, gegen Zahlung der vereinbarten Prämie, einen Teil seines

---

[16] Vgl. Rosenbaum, M./Wagner, F. (2002), S.44 f.
[17] Vgl. Farny, D. (1988), S. 145.
[18] Vgl. Rosenbaum, M./Wagner, F. (2002), S. 18.

Risikos und **erhält** im Versicherungsfall die vereinbarte **Versicherungssumme** oder die **Begleichung des entstandenen Schadens**.[19]

Die Versicherungsleistungsart unterscheidet die Versicherungsprodukte in Summen- und Schadenversicherung.
- Zur Summenversicherung gehört die Lebensversicherung, da im Versicherungsfall nicht die tatsächliche Schadenhöhe in Form von Geld ersetzt wird, sondern die vereinbarte Versicherungssumme.
- Zur Schadenversicherung gehören z. B. die Haftpflicht-, Hausrat- und Kraftfahrzeugversicherung, bei denen der messbare Schaden ersetzt wird.[20]

Ein weiteres Merkmal der Versicherungsprodukte gruppiert sie nach den Risikoarten, auf die sich der Versicherungsschutz bezieht:
- Die Personenversicherung stellt den Menschen in den Vordergrund. Hierzu gehören z. B. die Kranken-, Lebens- und Unfallversicherung.
- Bei der Sachversicherung werden Realgüter in den Vordergrund gestellt. Dazu zählen die Gebäude-, Hausrat- und Kraftfahrzeugversicherung.
- Weiterhin können bei der Vermögensversicherung die Nominalgüter des Versicherungsnehmers versichert werden. Dies ist z. B. bei der Haftpflicht- und Rechtsschutzversicherung der Fall.[21]

Das Besondere an Versicherungsprodukten ist, dass sie als Dienstleistungen **immateriell** und daher **erklärungsbedürftig** sind. Der Kunde kann sich nicht im Vorfeld der Qualität des Gutes vergewissern. Er muss sich darauf verlassen, dass das Produkt die gewünschte Qualität hat. Versicherungen sind demnach **Vertrauensgüter**.[22] Auch nach dem Kauf bzw. dem Vertragsabschluss erhält der Kunde i.d.R. keine sofortige Bestätigung, das richtige Produkt und den richtigen Anbieter gewählt zu haben. Erst im Versicherungsfall sammelt er Erfahrungswerte.[23] Umso wichtiger ist die ausführliche Aufklä-

---

[19] Vgl. Rosenbaum, M./Wagner, F. (2002), S. 7.
[20] Vgl. ebd., S. 3.
[21] Vgl. ebd., S. 4 f.
[22] Vgl. ebd., S. 8.
[23] Vgl. Farny, D. (2006), S. 651.

rung bezüglich dem Versicherungsumfang und den Rechten und Pflichten, die aus dem Vertrag hervorgehen.[24]

1.3.6. Marktanalyse

Bei der Marktanalyse erfolgt eine systematisch methodische **Untersuchung der Stellung einzelner Unternehmen im Marktgeschehen**. Sie soll neben der längerfristigen Marktbeobachtung auch **Markttransparenz schaffen**, worauf die **Geschäftspolitik** des Unternehmens **fundiert**.

Dabei ist nur der spezielle Markt bzw. Wirtschaftszweig interessant, in welchem sich das eigens betriebene Produkt befindet. Es wird ermittelt wie hoch der Aufwand an den Bezugsmärkten ist und wie hoch der Bedarf am Absatzmarkt ist. Dies hat einen entscheidenden Einfluss auf den möglichen Ertrag.

Für die Marktanalyse werden statistische Erhebungen durchgeführt und es wird Meinungsforschung betrieben.[25]

---

[24] Vgl. Forstman, C./Scholz, G. (1995), S. 193 ff.
[25] Vgl. http://wirtschaftslexikon.gabler.de/Archiv/378/marktanalyse-v7.html, 18.01.2011, 19:50 Uhr

2 Konzeption der Marktanalyse

Das Vorgehen dieser Marktanalyse orientiert sich an dem Marketingforschungsprozess von Kotler, Keller und Bliemel und erstreckt sich auf die Kapitel 2 und 3 dieses Buches.[26]

2.1. Definition des Marketingproblems und der Forschungsziele

Der erste Schritt erfordert die Definition des Marketingproblems, auf dem die folgende deskriptive Untersuchung aufbaut:
Inwieweit wird der deutsche Versicherungsmarkt speziell für Personen mit Migrationshintergrund online bereits bedient?

Als Forschungsziele ergeben sich daraus:
- **Welche fremdsprachigen Informationen sind online über deutsche Versicherungen vorhanden?**
- **Werden Versicherungsprodukte nach deutschem Recht auf Fremdsprachen erläutert bzw. deren Bedeutung verdeutlicht?**
- **Werden Online-Abschlüsse von Versicherungsprodukten angeboten?**
- **Gibt es schriftliche oder telefonische Beratungsmöglichkeiten?**
- **Sind die Informationen benutzerfreundlich aufbereitet?**

Diese Fragen sollen durch die Untersuchung beantwortetet werden.

2.2. Datenquellen

Für diese Marktanalyse liegen keine bereits durchgeführten Untersuchungen vor, daher werden im zweiten Schritt **Primärdaten** erhoben. Dies erlaubt und erfordert eine eigene

---

[26] Vgl. Kotler, P. u. a. (2007), S. 163 ff.

Zusammenstellung der benötigten Informationen für die Aussage, ob Versicherer in diesem Marketingbereich tätig sind.[27]

2.3. Datenerhebungsmethode

Als Datenerhebungsmethode wird eine **Mischung aus Befragung und Beobachtung** verwendet. Im Internet sollen definierte Begriffe in Suchmaschinen eingegeben werden (Befragung) und die daraufhin angebotenen Ergebnisse analysiert werden (Beobachtung).

Zwar ist das Internet nicht die einzige Informationsquelle. Oftmals bieten Gemeinden und Städte, religiöse Einrichtungen, Vereinigungen, Behörden et cetera (etc.) Unterstützung.[28] Doch mangels der Zugänglichkeiten solcher Daten, die auch von der Hilfsbereitschaft der dort beschäftigten Personen abhängen, wird in diesem Buch eine Beschränkung auf die Online-Möglichkeiten vorgenommen. Diese Art der Marktanalyse verursacht weiterhin die geringsten Kosten, da für den professionellen Gebrauch lediglich Übersetzer/innen benötigt werden.

Menschen mit Migrationshintergrund (66,8 Prozent der Menschen mit eigener Migrationserfahrung und 75,3 Prozent mit Migrationserfahrung der Eltern) in Deutschland nutzen das **Internet** etwas häufiger als Menschen ohne Migrationshintergrund mit 64,3 Prozent.[29] Ein Grund hierfür sind die sprachlichen Probleme bei der Kommunikation.[30] Das Internet bietet unter anderem vielfältige Möglichkeiten Informationen auf unterschiedlichen Sprachen darstellen.

Um im Datendschungel des Internets die passenden Informationen zu erhalten, sind primär **Suchmaschinen** eine Hilfe. „70 Prozent der Internetnutzer „(starten, d. Verf.)"

---

[27] Vgl. ebd., S. 166 ff.
[28] Vgl. http://87.106.6.16/beftp/gv-bochum/4.8_auslaender.html, 27.12.2010, 14:46 Uhr, Vgl. http://www.frankfurt.de/sixcms/detail.php?id=7017&_ffmpar[_id_inhalt]=102438, 27.12.2010, 14:47 Uhr, Vgl. http://www.berlin.de/lb/intmig/aufgaben/, 27.12.0210, 14:48 Uhr, Vgl. http://www.firststeps-project.eu/web/content.asp?lng=de&section=LINKS, 27.12.2010, 14:50 Uhr, Vgl. http://www.auswaertiges-amt.de/DE/Infoservice/FAQ/Uebersicht_node.html, 10.01.2011, 14:51 Uhr
[29] Vgl. Initiative D21 e.V. (Hrsg.) (2008), S. 10.
[30] Vgl. http://www.marketing-boerse.de/Fachartikel/details/Ethno-Marketing-online/8586, 10.01.2011, 17:55 Uhr

ihre Online-Sitzung mit der Eingabe von Suchbegriffen in Suchmaschinen."[31] Am häufigsten werden dazu in Deutschland die Suchmaschinen Google und Yahoo! verwendet. Google belegt mit einem Marktanteil von 89,7 Prozent mit Abstand Platz eins, gefolgt von Yahoo! mit nur 2,5 Prozent Marktanteil.[32]

Um diese Untersuchung aus Kundensicht zu gestalten, werden im Folgenden die bedeutsamsten Personengruppen mit Migrationshintergrund und die bedeutsamsten Versicherungsprodukte ermittelt. Welche Ergebnisse liefert das Suchen z. B. von „Kraftfahrzeug-Versicherung" und „Deutschland" auf Italienisch?

2.4. Datenerhebungsinstrument

Mittels eines **Fragebogens** werden die betrachteten Internetseiten beschrieben. Dazu werden **unterschiedliche Fragestellungen** als Bewertungskriterien, die so genannten Items, verwendet. Es werden vier dichotome Fragen gestellt, welche mit ja oder nein zu beantworten sind. Sie sind so gestellt, dass eine Beantwortung mit „Ja" auf eine hohe Marktabdeckung hinweist. Dazu gibt es zwei Beurteilungsskalen, bei denen der Befragte seine subjektive Einschätzung abgeben soll. Ferner gibt es drei freie Felder, bei denen der Befragte die Internetadresse der bewerteten Seite hineinkopiert, den Autor bzw. Herausgeber der Seite wiedergibt und gegebenenfalls seine Bemerkungen festhält. Die sechs geschlossenen Fragen lassen eine mathematische Auswertung der Ergebnisse zu und die drei offenen Felder dienen der weiteren Erläuterung.

Die erste Frage, die in diesem Zusammenhang geklärt wird, ist die genaue Website, auf welcher die Suchkriterien eingegeben werden. Schließlich besitzen Google und Yahoo! mehrere Domains (Adressen von Internetseiten[33]). Bei Google werden die Domains über Top-Level-Domains unterschieden. Die Top-Level-Domain ist das Kürzel, welches auf der rechten Seite nach dem Punkt (englisch: „dot") aufgeführt wird, wie z. B. „.de"

---

[31] Willemsen, W. (2008), S. 42.
[32] Vgl. http://www.webhits.de/deutsch/index.shtml?webstats.html, 27.09.2010, 22:42 Uhr
[33] Vgl. Ruff, A. (2002), S. 11.

und „".co.uk".[34] Die Statistik zeigt, dass in Deutschland die Seite „www.google.de" häufiger aufgerufen wird, als „www.google.com".[35]

Bei Yahoo! werden die Domains über Third-Level-Domains bzw. Subdomains unterschieden. Das heißt, die Domain endet immer mit „yahoo.com" und wird über einen Präfix wie „de." und „uk." für das betroffene Land spezifiziert.[36]

Die in der o.g. Statistik für Yahoo! genannte Domain lautet „www.yahoo.com", welche allerdings bei der Eingabe in den Browser zu einer Weiterleitung auf „www.de.yahoo.com", also ebenfalls der Deutschland-spezifischen-Domain, führt. Demnach erfolgt die Untersuchung auf den beiden Internetseiten **„www.google.de"** und **„www.de.yahoo.com"**.

Eine durchgeführte Blickerfassungs-Studie (englisch: „eye-tracking") zeigt in Tabelle 1, „welche Bereiche in den Suchmaschinen vom Auge am ehesten wahrgenommen werden. Die ersten drei Plätze in den natürlichen Suchergebnissen werden von 100 Prozent aller Suchenden gelesen, der zehnte Platz hingegen nur noch von 20 Prozent"[37] der Suchenden. Natürliche Suchergebnisse sind die, die aufgrund der gemachten Eingaben nach absteigender Relevanz zum Suchbegriff angezeigt werden.

Prozent der Teilnehmer, die sich die Suchergebnisse in Abhängigkeit der Platzierung ansehen	
Platz 1	100%
Platz 2	100%
Platz 3	100%
Platz 4	85%
Platz 5	60%
Platz 6	50%
Platz 7	50%
Platz 8	30%
Platz 9	30%
Platz 10	20%

Tabelle 1: Blickerfassungs-Studie von Suchergebnissen

Quelle: in Anlehnung an Lammenett, E. (2009), S. 158.

---

[34] Vgl. ebd., S. 13.
[35] Vgl. http://www.alexa.com/topsites/countries/DE, 12.12.2010, 14:50 Uhr
[36] Vgl. Enge, E. u. a. (2009), S. 202.
[37] Lammenett, E. (2009), S. 158.

Nach ersten Probeversuchen werden bei dieser Erhebung die ersten drei Einträge nicht ausreichen, um sinnvolle Ergebnisse zu finden. Daher werden die **ersten fünf Suchergebnisse** zur Datenerhebung herangezogen. Diese werden immerhin von mehr als der Hälfte der Internetnutzer gelesen.

Bei manchen Suchergebnissen sind direkt untereinander mehrere gleiche Fully Qualified Domain-Namen (FQDN). Abbildung 1 zeigt dies am Beispiel der ersten beiden Einträge zu „www.ia.uni-stuttgart.de".

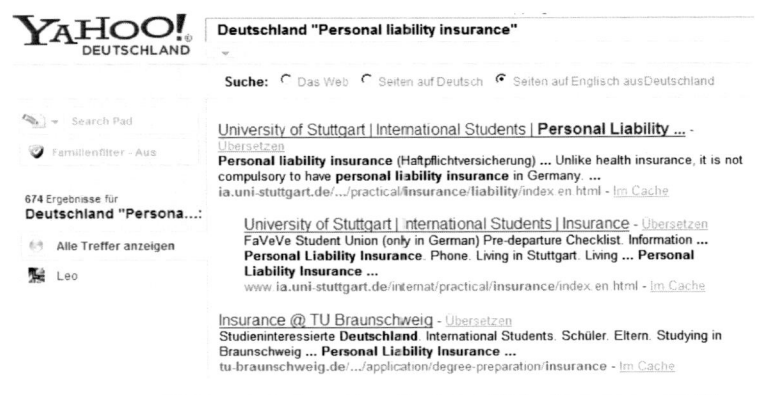

Abbildung 1: Suchmaschinen-Ergebnis bei Yahoo! bei gleichen FQDN

Quelle: entnommen aus Yahoo!, 24.12.2010, 10:38 Uhr

Damit möglichst unterschiedliche Seiten betrachtet werden, wird in solchen Fällen nur der erste dieser Einträge geprüft.

2.5. Stichprobenplan

Für den Stichprobenplan werden aus der Grundgesamtheit der ethnischen Gruppen in Deutschland und der angebotenen Versicherungsprodukte die zu untersuchenden Elemente gefiltert. Ebenso werden die Größe der **Stichprobe** sowie das Auswahlverfahren festgelegt.[38] Auf eine Vollerhebung für alle ethnischen Gruppen, alle Versicherungs-

---

[38] Vgl. Kotler, P. u. a. (2007), S. 178 f.

produkte, alle Suchmaschinen-Ergebnisse etc. wird verzichtet, damit auf die bedeutendsten Gruppen, Produkte und Ergebnisse eingegangen werden kann.

2.5.1. Festlegung der zu untersuchenden ethnischen Gruppen

Für das Jahr 2008 gibt das Statistische Bundesamt an, dass 19 Prozent der Bevölkerung Deutschlands einen Migrationshintergrund hatten. Ein genauerer Blick auf diesen Bevölkerungsanteil gibt Aufschluss über die Herkunftsländer bzw. -regionen. Mangels einer Statistik für das Jahr 2008 zeigt die Abbildung 2 eine Hochrechnung der für 2006 veröffentlichen Zahlen des Statistischen Bundesamtes über die Aufteilung entsprechend der Veränderung der Gesamtanzahl von Personen mit Migrationshintergrund i. e. S. in Deutschland.[39]

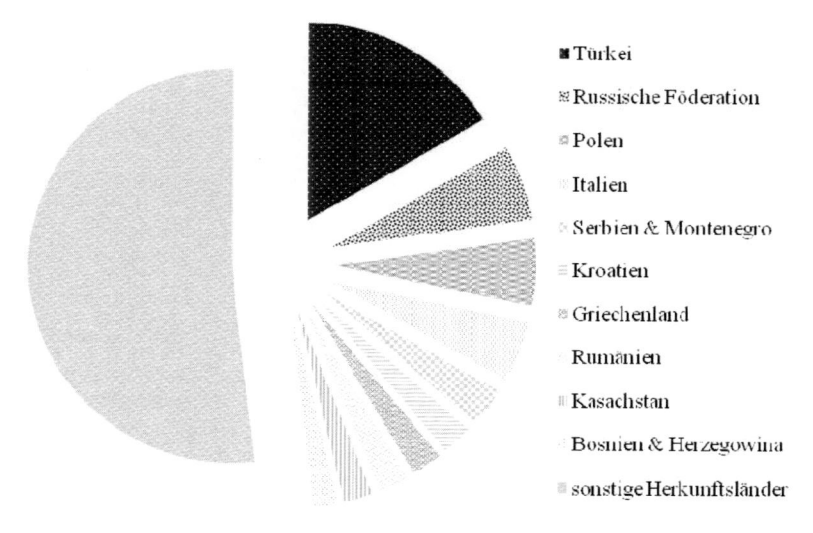

Abbildung 2: Personen mit Migrationshintergrund nach Herkunftsländern/-regionen
Quelle: in Anlehnung an Bundesministerium des Innern (Hrsg.) (2008), S. 192.

Das Diagramm zeigt, dass aus den Ländern Türkei, Russland, Polen und Italien die meisten Personen mit einem Migrationshintergrund in Deutschland stammen. Sie nehmen alle einen Anteil von 5 Prozent und mehr ein, wobei die Türken mit einem Anteil von 16,5 Prozent den größten Anteil ausmachen.

---

[39] Vgl. Bundesministerium des Innern (Hrsg.) (2008), S. 192.

Die in diesen Ländern amtliche Sprache wird in Folge zur Datenanalyse herangezogen:

- **Türkisch**[40]
- **Russisch**[41]
- **Polnisch**[42]
- **Italienisch**[43]

Ergänzend wird untersucht inwiefern

- **Englisch**

als Weltsprache in der Kundenkommunikation der Versicherungswirtschaft angeboten wird. Schließlich ist gemäß dem British Council bei deutlich mehr als ein Viertel aller Internetnutzer Englisch die Muttersprache.[44] Bei der Bestimmung der ethnischen Gruppe werden englischsprachige Kulturen nicht berücksichtigt.

2.5.2. Festlegung der zu untersuchenden Versicherungsprodukte

Aufgrund der hohen Anzahl an Versicherungsprodukten auf dem Markt muss für die Untersuchung eine Eingrenzung vorgenommen werden. Dazu wird die Bedarfsermittlung des „Bund der Versicherten" verwendet, der aus Verbrauchersicht je nach Familien- und Berufssituation sowie den besonderen Besitzgegenständen den Versicherungsbedarf ermittelt und priorisiert.[45] Auf die Ermittlung eines ggf. individuellen Versicherungsbedarfs von Personen mit Migrationshintergrund muss in diesem Buch mangels Zeit und Möglichkeiten verzichtet werden. Allerdings wird bei dieser Bedarfsermittlung so allgemein vorgegangen, dass es zu keinen wesentlichen Differenzen kommen kann.

In diesem Buch wird auf Privatpersonen mit Migrationshintergrund eingegangen. Damit ist die Familiensituation zur Bedarfsermittlung das erste Kriterium. Die Unterscheidung

---

[40] Vgl. http://www.auswaertiges-amt.de/DE/Aussenpolitik/Laender/Laenderinfos/01-Laender/Tuerkei.html, 19.01.2011, 14:54 Uhr
[41] Vgl http://www.auswaertiges-amt.de/DE/Aussenpolitik/Laender/Laenderinfos/01-Laender/RussischeFoederation.html, 19.01.2011, 14:55 Uhr
[42] Vgl. http://www.auswaertiges-amt.de/DE/Aussenpolitik/Laender/Laenderinfos/01-Laender/Polen.html, 19.01.2011, 14:56 Uhr
[43] Vgl. http://www.auswaertiges-amt.de/DE/Aussenpolitik/Laender/Laenderinfos/01-Laender/Italien.html, 19.01.2011, 14:57 Uhr
[44] Vgl. http://www.bpb.de/wissen/2N9EU8,0,0,Weltsprache.html, 20.11.2010, 11:30 Uhr
[45] Vgl. http://www.bundderversicherten.de/bedarfsrechner, 10.12.2010, 21:03 Uhr

erfolgt zwischen Single, Single mit Kind, Paar und Paar mit Kind. Die Haushalts- und Familienstruktur beinhaltete 2008 folgende Aufteilung[46]:

Alleinstehende/Single:	2.184.000
Alleinerziehende und deren Kinder/Single mit Kind:	1.295.000
Paar ohne Kinder/Paar:	2.919.000
Ehepaare, Lebensgemeinschaften und deren Kinder/Paar mit Kind:	9.167.000

Daraus ergibt sich, dass dem Versicherungsbedarf von Paaren mit Kindern die größte Bedeutung zugemessen wird.

Das zweite Kriterium ist die berufliche Situation. Sie unterteilt sich in „in Ausbildung, angestellt, selbstständig und im Ruhestand". Die Betrachtung des vorgeschlagenen Versicherungsbedarfs von Angestellten und Selbstständigen am Ende der Eingaben zeigt, dass die gleichen Produkte mit der Priorität „sehr wichtig" empfohlen werden. Hier zählt demzufolge nur das Kriterium „erwerbstätig". Um bei diesem Kriterium die korrekte Kategorie zu wählen, soll das Alter der Personen mit Migrationshintergrund herangezogen werden.

Das durchschnittliche Eintrittsalter in das Berufsleben liegt heutzutage bei 25 Jahren.[47] Das durchschnittliche Eintrittsalter in die Rente liegt bei 63 Jahren.[48] Da die Einteilung der Altersgruppen des Statistischen Bundesamtes nicht genau bei 63 Jahren anfängt oder endet, wird eine prozentuale Aufteilung der Gruppe der 55- bis 65-Jährigen vorgenommen und die Anzahl der Frauen und Männer addiert.

Damit ergibt sich für den beruflichen Status „in Ausbildung" eine rechnerische Anzahl von 5.700.000 Personen. Den Status „erwerbstätig" haben dagegen 8.142.000 Personen. Die Gruppe der sich „im Ruhestand" befindlichen Personen hat eine Größe von 1.724.000. Somit ist die mengenmäßig bedeutsamste Gruppe, die der Erwerbstätigen im Alter von 25 bis 63 Jahren.

---

[46] Vgl. Statistisches Bundesamt (Hrsg.) (2010), S. 50.
[47] Vgl. Lehr, Prof. Dr. U. (2003), S. 6.
[48] Vgl. http://www.fr-online.de/ratgeber/karriere/maenner-gehen-mit-63-5-jahre-in-rente/-/1473056/2972132/-/index.html, 10.12.2010, 19:55 Uhr

Bei dem dritten Kriterium wird nach „was habe ich?" gefragt. Da hier keine speziell auf Personen mit Migrationshintergrund eingeschränkten Daten vorliegen, wird davon ausgegangen, dass es hier keine besondere Unterscheidung dieser Personengruppe zu den Deutschen gibt. Es erfolgt zudem eine Einschränkung bei der Beurteilung der Bedeutung der Merkmale auf Kraftfahrzeuge (Kfz) und Wohnverhältnisse. Das Wohnverhältnis setzt sich dabei aus Miete, Eigentum und Vermietung zusammen. Am 01.01.2008 waren 41,2 Millionen Personenkraftwagen in Deutschland zugelassen.[49] Das entspricht ca. 50 Prozent der Bevölkerung in Deutschland zu diesem Zeitpunkt.[50] Bei der Frage nach den Wohnverhältnissen zeigt sich, dass 43 Prozent der deutschen Bevölkerung Wohneigentum besitzen.[51] Somit ist an dieser Stelle die Absicherung der Miete von größerer Bedeutung.

Gemäß einer Befragung der Taylor Nelson Sofres (TNS) Infratest Sozialforschung erhalten nur 10 Prozent der Befragten Einnahmen aus Vermietung oder Verpachtung von Grund- oder Hausbesitz.[52]

Als Zwischenstand wird daher festgehalten, dass sich die Versicherungsbedarfsermittlung auf folgende Eigenschaften beschränkt:

- **Paare mit Kinder,**
- **angestellt/selbstständig und**
- **Kfz und Miete.**

Der ermittelte Versicherungsbedarf umfasst demnach folgende Produkte, mit der Priorität „sehr wichtig":

- **Berufsunfähigkeitsversicherung (BUV),**
- **Kfz-Versicherung (KFZV),**
- **Privat-Haftpflichtversicherung (PHV),**
- **(Risiko-)Lebensversicherung (LV)**[53] und
- **Unfallversicherung (UV).**

---

[49] Vgl. http://web.archive.org/web/20080606010719/http://www.kba.de/, 11.12.2010, 12:03 Uhr
[50] Vgl. Statistisches Bundesamt (Hrsg.) (2010), S. 48.
[51] Vgl. http://www.ivd.net/html/0/329/artikel/911.html, 11.12.2010, 13:42 Uhr
[52] Vgl. http://de.statista.com/statistik/diagramm/studie/108343/umfrage/haushaltsbefragung%3A-vermietung-verpachtung---einnahmen-aus-grund--oder-hausbesitz/, 11.12.2010, 14:00 Uhr
[53] Zugunsten besserer Suchergebnisse wird mit der allgemeineren Form „Lebensversicherung" gesucht.

Die weiterhin vorgeschlagenen Produkte werden aufgrund der geringeren Priorität in diesem Buch nicht berücksichtigt.

2.6. Befragungsform

Mittels der beiden Suchmaschinen Google und Yahoo! werden über die erweiterte Suche die Suchbegriffe jeweils mit dem Wort „Deutschland" eingegeben. Die dazu vorgegebenen Sucheinstellungen beziehen sich auf die Sprache, auf der die Begriffe übersetzt eingegeben werden und die Internetseiten geschrieben sein sollen. Als Region/Land wird zudem „Deutschland" ausgewählt, um nur Internetseiten aus Deutschland erhalten. An den weiteren Einstellungen sollen keine Veränderungen gegenüber der Vorbelegung erfolgen, um möglichst viele Treffer zu erhalten.

Die **Ergebnisdokumentierung** erfolgt für jede Sprache einzeln **schriftlich** in einer Excel-Tabelle (siehe Anhang A). Die Ergebnisse der Untersuchung sollen vergleichbar sein, um eine Aussage treffen zu können. Das führt dazu, dass die Eingaben möglichst statisch vorgegeben werden müssen.

Um dem Anspruch der Repräsentativität gerecht zu werden, sollen **je Sprache 50 Internetseiten** betrachtet und bewertet werden. Mit dieser Aufgabe wird **je Sprache eine Person** beauftragt. Alle sind selbst Menschen **mit Migrationshintergrund** (zum Teil eigene Migrationserfahrung, zum Teil mit Migrationserfahrung der Eltern) und können somit am besten beurteilen, ob die Information hilfreich ist. Ihr Alter liegt zwischen 25 und 55 Jahren.

3 Durchführung der Marktanalyse

3.1. Datenerhebung

In der Zeit vom **13.12.2010 bis 06.01.2011** erfolgt parallel die Datenerhebung. Dafür wird den Teilnehmern die Excel-Tabelle digital zur Verfügung gestellt, um sie in dieser Form auszufüllen.

3.2. Daten- und Informationsanalyse

3.2.1. Datenaufbereitung

Die digitalen Daten der Fragebögen werden in eine sogenannte **Datenmatrix** gebracht. Diese ist die Basis für sämtliche statistische Auswertungen. Dabei sind bei den Beurteilungsskalen durch die Befragten bereits Zuordnungen von Zahlen zu den einzelnen Ausprägungen der Variablen, den jeweiligen Antwortmöglichkeiten, eingetragen worden. Die Vorgabe ist: „0" steht für „gar nicht" und „5" für „sehr".[54]

Für die vier dichotomen Fragen kann auf eine Codierung der zwei Ausprägungen „Ja" und „Nein" z. B. in „0" und „1" verzichtet werden.

Bei der Aufbereitung werden in manchen Datenmatrizen sogenannte **Missing Values**, also fehlende, unlogische bzw. nicht zulässige Eingaben, festgestellt.[55] In der Mehrheit bezieht sich es auf die Angabe des Autors/Herausgebers der Internetseite. Diese Information ist insofern vernachlässigbar, da sie nicht zur statistischen Auswertung, sondern der Beschreibung der Suchmaschinenergebnisse dient. Bei der Suche auf Polnisch gibt es allerdings zwei komplett fehlende Zeilen mit dem Vermerk des Befragten „Unsinn". Sie bleiben als solche im Eliminierungsverfahren erhalten und führen zur Reduzierung des Stichprobenumfangs. Bei der Suche auf russischer Sprache erzielte ein Suchbegriff

---

[54] Vgl. Esch, F. u. a. (2008), S. 120.
[55] Vgl. ebd.

nur drei Treffer, damit bleiben in dieser Matrix auch zwei Zeilen leer. Die Datenanalyse erfolgt bei diesen Sprachen auf Basis einer unvollständigen Matrix.[56]

Im Anhang und dem Dateiordner „Suchmaschinenauswertung Ergebnisse" befinden sich weiterhin die näher zu erläuternden Datenmatrizen je Sprache. Die Zeilen der jeweiligen Matrizen enthalten die Resultate der gesuchten Versicherungsprodukte und Suchmaschinen, kategorisiert nach deren Platzierung in der Ergebnisliste. Pro Versicherungsprodukt ergeben sich zehn Zeilen. In den Spalten sind die Resultate zu den verschiedenen Items enthalten.

In dem Dateiordner „Suchmaschinenauswertung Pivot" befinden sich je Sprache diverse Kreuztabellen zur Ermittlung von **ein-, zwei- und vierdimensionalen Häufigkeitsverteilungen bzw. Mittelwerten** sowie eine Zusammenfassung der einzelnen Kreuztabellen-Ergebnisse. Diese Datei „Suchmaschinenauswertung Auswahl Ethnische Gruppe & Produkt.xls" bildet die Grundlage für die Entscheidung, für welche Zielgruppe im folgenden Kapitel die Online-Marketingstrategie entwickelt wird.

3.2.2. Datenauswertung

Bei der Datenauswertung werden die Daten geordnet, geprüft, analysiert und auf ein überschaubares Maß verdichtet.[57] Es werden Methoden der deskriptiven Statistik verwendet, also allen „Verfahren, die sich mit der Aufbereitung und Auswertung der untersuchten Datenmenge"[58] beschäftigen. Die Verfahren werden unterteilt in univariate, bivariate und multivariate Verfahren:

- Bei univariaten Verfahren werden eine Variable und deren unterschiedliche Merkmalsausprägungen, wie Häufigkeitsverteilungen, Lage- und Streuungsparametern untersucht.
- Bei bivariaten Verfahren werden die Zusammenhänge zwischen zwei Variablen, wie der Korrelationskoeffizient r nach Bravais-Pearson, erforscht.
- Die multivariaten Verfahren vergleichen schließlich drei und mehr Variablen, welche sich für dieses Buch als zu umfangreich darstellen.[59]

---

[56] Vgl. ebd., S. 120 f.
[57] Vgl. Berekoven, L. u. a. (2009), S. 187.
[58] Ebd.
[59] Vgl. Esch, F. u. a. (2008), S. 121.

Für diese Auswertung sind überwiegend bivariate Verteilungen von Bedeutung. Jede Fragestellung wird auf seine Ausprägungen je Sprache und Versicherungsprodukt hin untersucht. Anzumerken ist weiterhin, dass die Werte der englischen Auswertung nicht für die Bestimmung der ethnischen Gruppe verwendet werden, was durch die hellblaue Hinterlegung der Spalte deutlich werden soll.

3.3. Darstellung der Ergebnisse

Die Auswertung zeigt, dass die Marktabdeckung im Bereich Ethno-Marketing bei der Prüfung von Suchergebnissen eher gering ausfällt.

Abbildung 3 zeigt, bezogen auf alle Sprachen, die prozentuale Häufigkeitsverteilung der dichotomen Bewertungskriterien.

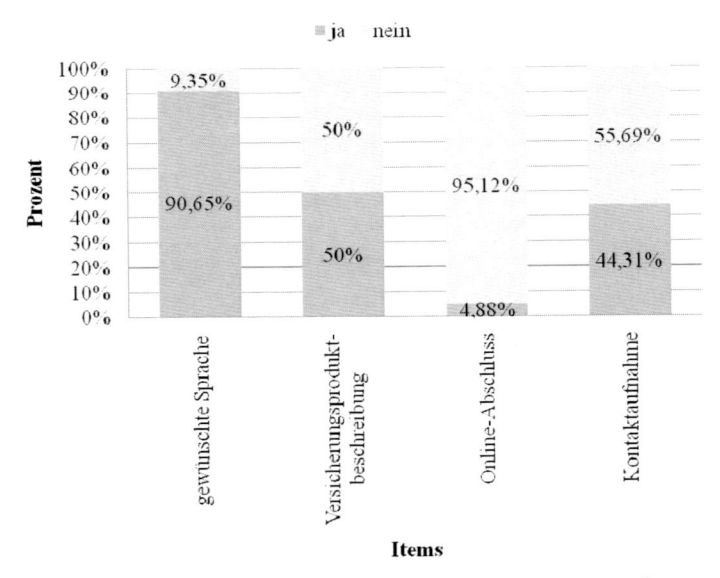

Abbildung 3: Merkmalsausprägungen der dichotomen Fragen aller Sprachen

Quelle: eigene Darstellung

Lediglich zu dem Item „Ist die Seite in der gewünschten Sprache gehalten?" liegt die Erfüllungsquote bei mehr als 50 Prozent, was allerdings bezüglich der speziellen Sucheinstellungen Zweifel an der Funktionalität der Suchmaschinen aufkommen lässt. Bei der Frage „Wird das gesuchte Versicherungsprodukt beschrieben?" enthalten gleich viele Seiten diese Informationen, wie sie sie nicht enthalten. Die Möglichkeit online einen Vertrag abzuschließen ist in weniger als 5 Prozent der Fälle gegeben und selbst die Option, telefonischen oder schriftlichen Kontakt aufzunehmen, ist in nur ca. 44 Prozent der Fälle gegeben.

Abbildung 4 stellt das arithmetische Mittel der skalierten Items dar. Deutlich zu sehen, ist, dass beide unterhalb des Median von 2,5 liegen, dafür aber vergleichsweise nah bei einander.

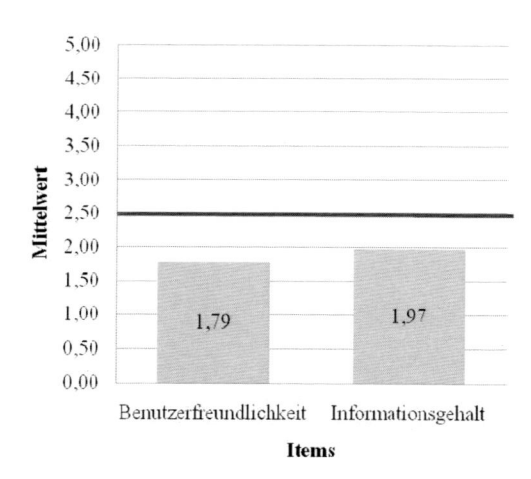

Abbildung 4: Mittelwerte der skalierten Fragen aller Sprachen

Quelle: eigene Darstellung

Die tiefergehende Auswertung betrachtet die einzelnen Sprachen und Versicherungsprodukte.

Zum Einen wird in Tabelle 3 die Anzahl der Merkmalsausprägung „Ja" aller dichotomen Fragen je Versicherungsprodukt summiert und aus ihnen wiederum die Summe je Sprache und Versicherungsprodukt ermittelt.

	Türkisch	Russisch	Englisch	Italienisch	Polnisch	Summe Ja	Summe Ja + Nein	% Ja von Gesamt
BUV	19	21	14	19	20	93	200	46,50%
KFZV	21	17	13	13	21	85	200	42,50%
LV	19	17	8	20	16	80	192	41,67%
PHV	21	16	23	26	21	107	200	53,50%
UV	18	15	26	22	21	102	192	53,13%
Summe Ja	98	86	84	100	99	467		
Summe Ja + Nein	200	192	200	200	192	984		
% Ja von Gesamt	49,00%	44,79%	42,00%	50,00%	51,56%			

Tabelle 2: Merkmalsausprägung „Ja" der dichotomen Fragen nach Sprachen

Quelle: eigene Darstellung

Somit ergibt sich z. B., dass die Fragen zu russischen Seiten 86 Mal bejaht werden konnten. Wird dazu die Anzahl der betrachteten Seiten von 48 mit den vier Fragen multipliziert, ergeben sich 192 Möglichkeiten die Fragen zu bejahen. Der Anteil beträgt also gerade 44,79 Prozent. Ebenfalls schneiden bei diesen objektiven Fragen die Internetseiten zur Lebensversicherung am schlechtesten ab, da nur 41,67 Prozent der Seiten die Kategorien erfüllen.

Zum anderen werden in Tabelle 2 die Mittelwerte der Beurteilung von Benutzerfreundlichkeit- und Informationsgehalt je Versicherungsprodukt addiert und aus Ihnen nochmals der Mittelwert je Sprache und je Versicherungsprodukt ermittelt.

	Türkisch	Russisch	Englisch	Italienisch	Polnisch	Mittelwert
BUV	3,2	4,5	2,4	2,5	4,8	3,48
KFZV	2,9	3,4	4,7	1,1	4,7	3,36
LV	2,9	3,4	1,5	3,5	4,5	3,16
PHV	2,5	3,7	5,7	5,6	5,2	4,54
UV	3,3	3,25	5,4	4,2	5	4,23
Mittelwert	2,96	3,65	3,94	3,38	4,84	
Höchstwert	5	5	5	5	5	

Tabelle 3: Mittelwert der skalierten Fragen nach Sprachen

Quelle: eigene Darstellung

Der aufgeführte Höchstwert drückt die bestmögliche Ausprägung aus, die sich aus der Vorgabe „5" für eine „sehr" gute Internetseite ergibt.
Die Darstellung zeigt senkrecht gelesen, dass die türkischen Seiten mit einem Mittelwert von 2,96 am schlechtesten in diesen Kategorien bewertet werden. Waagrecht hingegen zeigt sich, dass besonders die Seiten bei der Suche nach „Lebensversicherung" mit durchschnittlich 3,16 von 5 Punkten am schlechtesten bewertet werden.

Die zuvor genannten Auswertungen werden zur Ermittlung der ethnischen Gruppe in Tabelle 4 zusammengeführt. Dabei werden die jeweiligen Mittelwerte mit den Höchstwerten der Beurteilungsskalen und die Summe der Ja-Nennungen mit der maximalen Anzahl an Nennungen der dichotomen Fragen, also dessen Höchstwert, in Relation gebracht. Aus diesen beiden Werten wird abschließend die Summe gebildet.

	Türkisch	Russisch	Englisch	Italienisch	Polnisch
Anteil Mittelwert am Höchstwert	0,59	0,73	0,79	0,68	0,97
Anteil Summe Ja am Höchstwert (Summe Ja + Nein)	0,49	0,45	0,42	0,50	0,52
Mittelwert	**0,54**	**0,59**	**0,60**	**0,59**	**0,74**

Tabelle 4: Zusammenführung dichotomer und skalierter Fragen nach Sprachen

Quelle: eigene Darstellung

Mittels dieser Zusammenfassung wird aufgeführt, dass für die türkeistämmigen Einwohner Deutschlands der größte Handlungsbedarf besteht. Der Mittelwert aus den objektiven und subjektiven Fragen ist für die türkischen Seiten der Suchmaschinen-Ergebnisse mit 0,54 am niedrigsten.

Zur Ermittlung des Versicherungsproduktes wird das gleiche Verfahren in Tabelle 5 verwendet, jedoch ausschließlich mit den Werten der türkischen Auswertung.

	BUV	KFZV	LV	PHV	UV
Summe Ja	19	21	19	21	18
Summe Ja + Nein	40	40	40	39	39
Anteil Summe Ja am Höchstwert (Summe Ja + Nein)	0.48	0,53	0,48	0,54	0,46
Mittelwert	3,2	2,9	2,9	2,5	3,3
Höchstwert	5	5	5	5	5
Anteil Mittelwert am Höchstwert	0,64	0,58	0,58	0,5	0,66
Mittelwert	0,56	0,55	0,53	0,52	0,56

Tabelle 5: Zusammenführung dichotomer und skalierter Fragen nur türkisch

Quelle: eigene Darstellung

Trotz der Tatsache, dass die Seiten zur Lebensversicherung insgesamt am schlechtesten bewertet werden, ist dies bei ausschließlicher Betrachtung der türkischen Auswertung die Privat-Haftpflichtversicherung. Der Mittelwert aus den objektiven und subjektiven Fragen ist für die Seiten zur PHV mit 0,52 am niedrigsten. Diese Fokussierung wird weiterhin durch eine Studie der TNS Emnid bestätigt, da 2004 lediglich 25 Prozent der Türken in Deutschland über eine PHV verfügten. Im Vergleich dazu hatten seinerzeit 60 Prozent der Deutschen einen solchen Versicherungsschutz.[60]

3.4. Treffen der Entscheidung

Schlussfolgernd zeigt die Marktanalyse, dass online bisher wenig im Versicherungsbereich für ethnische Gruppen angeboten wird. Besonders für Menschen mit **türkischem Migrationshintergrund** sind die Seiten zur **Privat-Haftpflichtversicherung** schlecht ausgestattet.

Eine parallele Betrachtung der Websites der größten Versicherer Deutschlands Allianz SE, ERGO Versicherungsgruppe und Talanx AG[61] zeigt, dass sie alle einige deutsche

---

[60] Vgl. http://www.gdv.de/Downloads/Positionen_2004/Positionen_34.pdf, 10.01.2011, 15:24 Uhr
[61] Vgl. http://de.statista.com/statistik/daten/studie/155324/umfrage/versicherer-in-deutschland-nach-beitragseinnahmen/, 16.01.2011, 19:39 Uhr

und englische Seiten eingerichtet haben. Doch für die vier wichtigsten ethnischen Gruppen besteht keine Möglichkeit die Inhalte auf ihrer Muttersprache zu lesen.[62]

Die bisher geringe Umsetzung des Ethno-Marketings in der Versicherungswirtschaft lässt sich auf zwei Ursachen zurückführen. Entweder haben sich viele Versicherer und Vermittler nicht mit der direkten Ansprache einer ethnischen Zielgruppe befasst oder sie fürchten einen Imageverlust zu erleiden. Unternehmen anderer Branchen befürchten dies vor allem bei den deutschen Kunden, wenn sie speziell an ethnische Gruppen gerichtete Marketingmaßnahmen betreiben.[63] Eine kleinere Untersuchung entkräftet diese Befürchtung: keinen der befragten Deutschen würde es stören, wenn ein Unternehmen gezielt Ausländer ansprechen würde. Weiterhin hielten neun der zehn Befragten die Angst der Unternehmen vor einem Imageverlust für unbegründet.[64]

Im nächsten Kapitel wird aufgezeigt, wie eine solche Ethno-Marketingstrategie für die Zielgruppe der Türken online implementiert werden kann.

---

[62] Vgl. https://www.allianz.com/de/index.html, 16.01.2011, 19:51 Uhr, Vgl. http://www.ergo.com/, 16.01.2011, 19:55 Uhr, Vgl. http://www.talanx.com/de/index.jsp, 16.01.2011, 19:59 Uhr
[63] Vgl. Musiolik, T. (2010), S. 47.
[64] Vgl. ebd., S. 98.

4 Konzeption einer onlinebasierten Ethno-Marketingstrategie für Türkeistämmige

Zur Einführung einer Ethno-Marketingstrategie ist ein Planungskonzept erforderlich, damit die Marketingmaßnahmen im Ganzen zusammenwirken.[65] In diesem Konzept werden dazu ausschließlich Marketing-Instrumente des Internet-Marketing verwendet, welche die bestehenden Marketingstrategien unterstützen. Dadurch entsteht eine Multi-Kanal-Marketingstrategie. „Die Schlüsselfrage ist nicht, ob Internettechnologien eingesetzt werden sollen – Unternehmen haben keine andere Wahl, wenn sie wettbewerbsfähig bleiben wollen – sondern wie sie eingesetzt werden sollen" (englisch: „The key question is not whether to deploy Internet technology – companies have no choice if they want to stay competitive – but how to deploy it").[66]

Dieses Konzept wird mit Hilfe des **Strategie-Prozess-Modells für Internet-Marketing SOSTAC®** von Chaffey und Smith aus 2008 erstellt. Es beschreibt einen Kreislauf der Elemente „Situation, Objectives, Strategy, Tactics, Action and Controlling"[67]. Diese sind auf Deutsch übersetzt: **Situation, Ziele, Strategie, Instrumente, Aktion** und **Controlling**.

---

[65] Vgl. Esch, F. u. a. (2008), S. 155.
[66] Porter, M. (2001), S. 62 ff.
[67] Chaffey, D. u. a. (2009), S. 211.

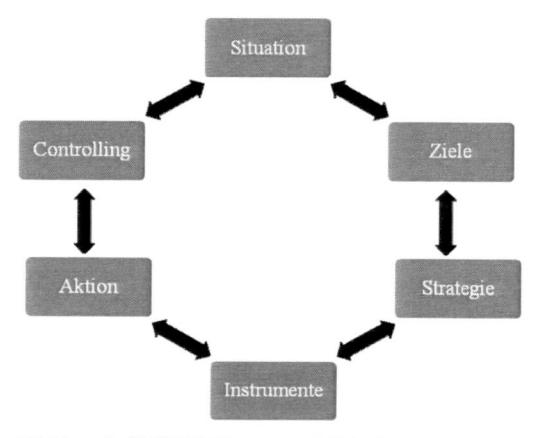

Abbildung 5: SOSTAC® Planungsmodell für Internet-Marketing
Quelle: in Anlehnung an Chaffey, D. u. a. (2009), S. 21.

Diese sechs Phasen haben einen fließenden Übergang und erlauben, das vorherige Element zu überdenken und zu verfeinern. [68]

4.1. Situationsanalyse

Die erste Phase ist die **Situation**sanalyse. Sie behandelt die Frage „Wo stehen wir jetzt?".[69] Dies hat die vorangegangene Marktanalyse in Kapitel drei gezeigt: allgemein wird online wenig für ethnische Gruppen im Versicherungsbereich angeboten. Vor allem für türkeistämmige Einwohner ist das Angebot gering.

4.2. Zielformulierung und Positionierung

Bei dem nächsten Schritt werden **Ziele** festgelegt. Es muss die Frage „Wo wollen wir sein?" beantwortet werden.[70] Dabei werden im SOSTAC®-Modell die fünf Nutzenvorteile des Internet-Marketings verwendet, um die monetäre oder nicht-monetäre Zielausrichtung zu wählen. Diese sind ins Deutsche übersetzt:

---

[68] Vgl. Chaffey, D. u. a. (2009), S. 210 ff.
[69] Vgl. ebd., S. 211.
[70] Vgl. ebd., S. 212.

- sparen – Verringerung von Verwaltungs- und Vermittlungskosten durch E-Mails und Online-Vertragsabschlüsse bzw. -Änderungen von Vertragsdaten;
- verkaufen – Erhöhung der Prämieneinnahmen durch weitere Kunden, die offline nicht erreicht werden können;
- dienen – Steigerung des Wertes durch online Zusatznutzen oder Informationen über Produktentwicklungen mit Feedbackmöglichkeiten;
- zischen – Ausweitung des Markenbereichs online durch verstärktes Markenbewusstsein, -wiedererkennung und – engagement;
- sprechen – Intensivierung der Kundennähe durch Nachverfolgung seines Online-Verlaufs, Online-Befragungen, Auswertung von Chat-Rooms. [71]

Zudem müssen Ziele SMART sein: „Specific, Measurable, Actionable, Relevant, Time-related".[72] Auf Deutsch werden sie wie folgt übersetzt: Spezifisch, Messbar, Umsetzbar, Relevant und Zeitbezogen.

Das Ziel der Online-Marketingstrategie wird daher wie folgt festgelegt:
Erzielung von 3,5[73] Millionen Euro (EUR) gebuchten Bruttoprämien durch Vermittlung von Privat-Haftpflichtversicherungen an türkeistämmige Neukunden im online-basierten Ethno-Marketing.

Zur Zielerreichung soll durch eine genaue Definition der Zielgruppe, eine verbesserte Ansprache der zu gewinnenden Kunden erfolgen. Die Zielgruppe wird dafür über folgende Faktoren ermittelt:
- Bedarf einer PHV,
- Altersstruktur und
- Internetaktivität.

Der Abschluss einer Privat-Haftpflichtversicherung ist in Deutschland jedem dringend empfohlen. Das ergibt sich aus der gesetzlichen Verpflichtung zum Schadenersatz in Deutschland, aufgrund dessen unbegrenzt auch mit dem Privatvermögen gehaftet wird.

---

[71] Vgl. Chaffey, D. u. a. (2009), S. 224 f.
[72] Vgl. ebd., S. 228.
[73] Unter Annahme eines zu bearbeitenden Marktes von 375.474 Personen, einer Durchschnittlichen Prämie von 91,07 EUR und einer Abschlussquote von 10 Prozent. Wobei die geschätzte durchschnittliche Abschlussquote für PHV bei 6 Prozent liegt.

Die PHV schützt in hohem Maße vor dem finanziellen Verlust, der bei Beschädigung Dritter folgen kann. Sie schützt gegebenenfalls sogar vor einer existentiellen Bedrohung. Dabei werden die Kosten für Personen-, Sach- und Vermögensschäden zur Versicherungssumme im privaten Bereich übernommen.[74] Ferner ist die PHV ein vergleichsweise starres Produkt. Besteht ein solcher Versicherungsvertrag einmal, wird kein zweiter benötigt. Theoretisch ist erst bei Änderungen von Preisen, Bedingungen oder Versicherungssummen eine erneute Ansprache des Kunden erforderlich. Üblicherweise wird der Kunde ein Mal im Jahr angeschrieben, ob sich etwas an seiner Situation verändert hat. Die Anschaffung eines Pferdes, Hundes, Bootes oder eines Hauses bedürfen z. B. einer Erweiterung des Versicherungsumfangs. Dies muss auch bei der Gestaltung der Marketingmaßnahmen berücksichtigt werden.

Der Gesamtmarkt und der potentielle Markt fallen bei der PHV zusammen und umfassen 2.568.390 Menschen.[75] „In der privaten Haftpflichtversicherung ist die ganze Familie mitversichert, auch unverheiratete, volljährige Kinder, die sich noch in der Schul- oder einer unmittelbar daran anschließenden beruflichen Erstausbildung (Lehre und/oder Studium) befinden."[76] Der Bedarf, selbstständig eine PHV abzuschließen, ergibt sich demnach ab 20 Jahren. Der qualifizierte Markt umfasst mit den 20- bis über 65-Jährigen damit 1.866.160 Personen.[77]

Abbildung 6 veranschaulicht die Altersstruktur Personen mit türkischem Migrationshintergrund. Abbildung 7 zeigt vergleichsweise die Altersstruktur der deutschen Bevölkerung insgesamt.

---

[74] Vgl. http://www.bundderversicherten.de/haftpflichtversicherungen, 12.01.2011, 12:43 Uhr
[75] Vgl. Kotler, P. u. a. (2007), S. 195 ff.
[76] http://www.klipp-und-klar.de/dateien/dokumente/versicherungen/tipps_private_haftpflicht_okt_08.pdf, 10.01.2011, 14:32 Uhr
[77] Vgl. Kotler, P. u. a. (2007), S. 195 ff.

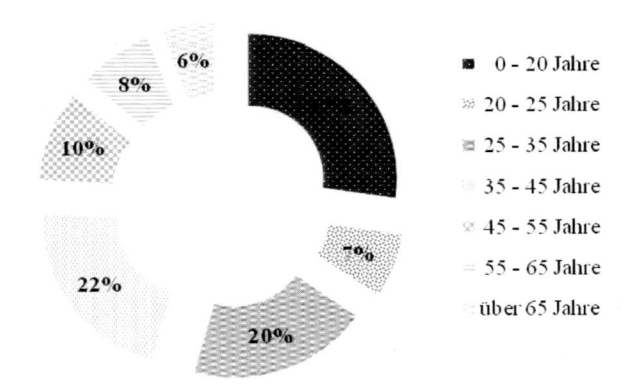

Abbildung 6: Altersstruktur der Personen mit türkischem Migrationshintergrund

Quelle: in Anlehnung an Statistisches Bundesamt (Hrsg.) (2010a), S. 64, lfd. Nr. 17

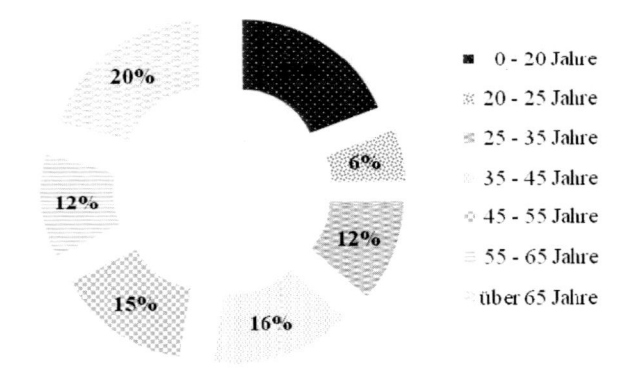

Abbildung 7: Altersstruktur der deutschen Bevölkerung insgesamt

Quelle: in Anlehnung an Statistisches Bundesamt (Hrsg.) (2010a), S. 64, lfd. Nr.1

Das Internet ist bei den 14- bis 29-Jährigen mit türkischem Migrationshintergrund das zweithäufig genutzte Medium. Zweidrittel von ihnen nutzen mindestens mehrmals wöchentlich das Internet, v.a. als Kommunikationsmedium. Von den 30- bis 49-Jährigen nutzen 40 Prozent das Internet mehrmals wöchentlich. Von den über 50-Jährigen nutzen es weniger als 20 Prozent. Sowohl deutsch- als auch türkischsprachige Angebote werden wie selbstverständlich genutzt.[78]

---

[78] Vgl. http://www.tns-emnid.com/presse/presseinformation.asp?prID=839&message=Deutlich, 10.01.2011, 14:46 Uhr

Wird vom Marktpotential die Zugangsbarriere „Onlinenutzung" in Abzug gebracht, verbleiben 766.931 Personen als qualifizierter zugänglicher Markt. Nach angewandter Altersgruppen-Segmentierung auf die größte Gruppe der 30 bis 50 Jährigen, wird ein zu bearbeitender Markt von 375.474 Personen ermittelt.[79] Unter der Annahme der zuvor genannte TNS-Emnid-Studie, wonach nur 25 Prozent der Türken in Deutschland über eine PHV verfügten[80], kann gezeigt werden, dass Unternehmen lediglich 93.868 dieser Menschen zum penetrierten Markt gehören. Es verbleiben also allein 281.606 Versicherungskunden, die noch keine PHV haben.

Als **Zielgruppe** sollen die Personen mit türkischem Migrationshintergrund in der Lebensphase von **30 bis 50 Jahren** angesprochen werden. Die sogenannten „Grups", die „Grown Ups" zwischen 30 und 50 Jahren, zeichnen sich durch Berufstätigkeit, Modebewusstsein und Familienleben aus.[81]

„Die **Positionierungsstrategie** ist das Bestreben des Unternehmens, sein Angebot so zu gestalten, dass es im Bewusstsein des Zielkunden einen besonderen, geschätzten und von Wettbewerbern abgesetzten Platz einnimmt."[82] Sie wird mittels des Modells für Online-Differenzierung festgelegt. Hierbei erfolgt die Fokussierung auf einer der drei Schwerpunkte: Produkt, Preis oder Kundenbeziehung bzw. Servicequalität.[83]

Über eine Differenzierung der **Kundenbeziehung bzw. Servicequalität** soll die PHV für türkeistämmige Kunden mit einem Online-Zusatznutzen in Form von türkischen Informationen, besonderen Dienstleistungen und Anwendungen erweitert werden. Die Marketingstrategie will Versicherung verständlich machen, damit Kunden sich bewusst dafür entscheiden und sie selbstständig an ihrem Vertrag mitwirken können.

---

[79] Vgl. Kotler, P. u. a. (2007), S. 195 ff.
[80] Vgl. http://www.gdv.de/Downloads/Positionen_2004/Positionen_34.pdf, 10.01.2011, 15:24 Uhr
[81] Vgl. http://www.zukunftsinstitut.de/verlag/zukunftsdatenbank_detail?nr=1821, 14.01.2011, 13:23 Uhr
[82] Kotler, P. u. a. (2007), S. 423.
[83] Vgl. Chaffey, D. u. a. (2009), S. 245.

4.3. Strategie-Entwicklung und Umsetzung im erweiterten Marketing-Mix

Die dritte Phase beschäftigt sich mit der **Strategie**, also der Frage „Wie erreichen wir die Zielsituation?". Darauf aufbauend umfasst die vierte Phase die Festlegung der **Instrumente** mit der die Strategie umgesetzt werden soll. Die zu beantwortende Frage lautet „Wie erreichen wir die Zielsituation genau?".

Dieser Abschnitt behandelt beide Elemente und verwendet den erweiterten Marketing-Mix für Dienstleistungen. Er setzt sich aus folgenden Marketing-Instrumenten zusammen:

- Produkt (englisch: „Product"),
- Preis (englisch: „Price"),
- Kommunikation (englisch: „Promotion"),
- Distribution (englisch: „Place"),
- Personen (englisch: „People"),
- Physikalische Signale (englisch: „Physical evidence") und
- Prozess (englisch: „Process").

Diese Elemente zu sollen zur Erreichung des Ziels optimal kombiniert werden. Die 7 P-Betrachtungsweise führt häufig zu einer Fokussierung auf das angebotene Produkt und nicht auf den Kunden. Besonders bei der Gestaltung des Internet-Marketing-Mix sollten allerdings immer der Bedarf und die Wünsche des Kunden im Mittelpunkt stehen. Denn im Internet zeigt sich der Kunde meistens aktiv vergleichend als passiv konsumierend.[84]

Die Produkt-/Markt-Strategie ist davon abhängig, ob der Versicherer bereits eine qualitativ hochwertige PHV hat. Wenn ein solches Produkt existiert, wird die **Markterschießung** angestrebt: existierende Produkte werden auf neuen Märkten angeboten. Wenn dieses Produkt noch umgesetzt werden muss, handelt es sich um eine **Diversifikation**: neue Produkte werden auf neuen Märkten angeboten.[85]

---

[84] Vgl. Chaffey, D. u. a. (2009), S. 277.
[85] Vgl. ebd., S. 235.

Eine Änderung der **Geschäfts- und Einkommens-Strategie** wird in diesem Konzept nicht näher betrachtet, da es für kein bestimmtes Unternehmen erstellt wird. Es empfiehlt sich jedoch bei Versicherungen nicht mit zusätzlichen Werbeflächen auf der Homepage Einkünfte erzielen zu wollen. Dies kann leicht zu einem unseriösen Image führen. In der Vergangenheit wurden Versicherungen im Massengeschäft an Personen mit türkischem Migrationshintergrund verkauft. Türkische Strukturvertreter nutzten ihre Kenntnisse über Sprache und Umgangsformen aus, um ihren Landsleuten überteuerte und nicht bedarfsgerechte Produkte zu verkaufen. Daher muss besonderer Wert auf Seriosität und Kompetenz gesetzt werden.[86]

Eine Produkt- oder Preisgestaltung speziell für Menschen mit türkischem Migrationshintergrund lässt sich in Deutschland nicht ohne weiteres umsetzen. Das **Allgemeine Gleichbehandlungsgesetz** greift auch bei privatrechtlichen Versicherungen und verhindert „Benachteiligungen aus Gründen der [...] ethnischen Herkunft".[87] Ein umfangreicheres bzw. günstigeres Versicherungsprodukt könnte, wenn auch nicht für die Türkeistämmigen, aber für andere ethnische Gruppen als Benachteiligung ausgelegt werden. In der Vergangenheit hat es zudem Gerichtsurteile gegeben, die Klauseln nur für Ausländer als unwirksam erklärten.[88] „Ausnahmen von der Gleichbehandlung darf es nur geben, wenn dafür ein sachlicher Grund vorliegt, wenn also zum Beispiel nur so Gefahren oder Schäden vermieden werden."[89] Doch da in der Versicherungswirtschaft kaum Ethno-Marketing betrieben wird, ist eine spezielle Aussage über das objektive Risiko der Türken in Deutschland bisher nicht möglich.

4.3.1. Produktpolitik

Das bedeutet für die **Produktstrategie**, dass das Kernprodukt Privat-Haftpflichtversicherung von allen Personen in Deutschland abgeschlossen werden kann. Es wird sich durch eine Vielzahl an Erweiterungen der beispielhaften Allgemeinen Versicherungsbedingungen für die Haftpflichtversicherung des Gesamtverbandes der Deutschen

---

[86] Vgl. http://www.direktportal.de/index.4.article.9.1.html, 13.01.2011, 15:35 Uhr
[87] http://www.gesetze-im-internet.de/agg/__1.html, § 1 AGG, 11.01.2011, 18:49 Uhr
[88] Vgl. http://www.juraforum.de/urteile/bgh/bgh-urteil-vom-22-11-2000-az-iv-zr-23599, 12.01.2011, 19:44 Uhr
[89] http://www.antidiskriminierungsstelle.de/ADS/Das-Gesetz/anwendungsbereiche.html, 11.01.2011, 18:33 Uhr

Versicherungswirtschaft e. V. auszeichnen. Der hohe Versicherungsumfang soll eine **Marke** aufbauen, die **für Qualität und Vertrauenswürdigkeit** steht. Nach Etablierung der Ethno-Marketing-Strategie kann eine Analyse über das objektive bzw. subjektive Risiko bei diesem Versicherungsprodukt erfolgen. Daraufhin sind gegebenenfalls eigene Produkte möglich.

Die Schaffung und Präsentation einer Marke ist für Versicherungen von besonderer Bedeutung. Weder Versicherungen noch das Internet bieten die Möglichkeit das Produkt physikalisch zu greifen.[90] Zudem sind Personen mit türkischen Wurzeln sehr marken- und qualitätsbewusst. Für Markenartikel sind sie bereit mehr Geld auszugeben.[91] Die Entwicklung einer Marke ist abhängig von der Kundenwahrnehmung. Diese wird wiederum von dem Mehrwert des Produktes beeinflusst und dieser Mehrwert muss nachhaltig sein.[92]

Der Online-Mehrwert der PHV ergibt sich für Türkeistämmige aus den **türkischen Informationen** über den Versicherer, den Bedarf einer PHV, sowie des Versicherungsproduktes, das den Bedarf deckt und die Produkt bzw. Unternehmensratings und -Auszeichnungen. Einfache Texte und klarer Seitenaufbau sollen dem Nutzer der Website davon überzeugen, dass ein Versicherungsprodukt verständlich sein kann. Durch Anzeige der deutschen und türkischen Flagge soll der Nutzer auf die entsprechend deutschsprachige Seite wechseln können. **Interesse** an Versicherung **wecken** und speziell an diesem Produkt stehen im Vordergrund.[93]

Die Informationen sollen in Textform abrufbar sein und eine Kontaktmöglichkeit bei Bedarf an weitergehenden Informationen beinhalten. Die Ermittlung des Bedarfs soll über einen **Bedarfsrechner** vereinfacht werden. Dieser fragt die Kriterien des Nutzers ab, die für den Versicherungsumfang erforderlich sind. Vereinfachte bildliche Symbole sollen dabei reinen Text ergänzen. Entsprechend dem ermittelten Umfang wird am Ende die Prämie angezeigt. Das Angebot kann dann an einen Versicherungsvertreter übermit-

---

[90] Vgl. Chaffey, D. u. a. (2009), S. 289.
[91] http://www.absatzwirtschaft.de/CONTENT/_p=1004040,sst=LSk33CBmH6ERJ%252bgrzvqntTX9X WAC9zzSCGNM6mb9%252bCM%253d, 16.01.2011, 17:00 Uhr
[92] Vgl. Chaffey, D. u. a. (2009), S. 289.
[93] Vgl. http://www.versicherungsbetriebe.de/data/news/News-Online-informieren-offline-kaufen_5691436.html, 03.01.2011, 19:52 Uhr

telt werden, der sich je nach Angaben telefonisch oder per E-Mail mit dem Nutzer in Verbindung setzt, um einen persönlichen Termin zu vereinbaren.

Damit Nachhaltigkeit erreicht wird, soll der Nutzer die Seiten über Vergabe von Punkten sowie einem individuellen Text **bewerten** und dies **Freunden mitteilen** können. Damit ist eine langfristige Bereitstellung der Informationen möglich, die der Nutzer sehen möchte. Außerdem wirken die Nutzer aktiv mittels Social Media-Marketing an dem Bekanntheits- und Zufriedenheitsgrad mit. **Feedback**, das eine gewisse Zeit nach Vertragsabschluss telefonisch oder per E-Maik eingeholt wird, soll mit Zustimmung des Nutzers online gestellt werden. Zitatartige Referenzen bezeugen möglicherweise die hohe Qualität und Zufriedenheit. Andernfalls können diese Feedbacks zur weiteren Optimierung dienen. Wichtig ist es, zufriedene Kunden mit in das Meinungsbild über den Versicherer zu integrieren, um das (Online-)Image der Versicherer positiv zu entwickeln.[94]

Der Markenaufbau soll zudem durch einen vielversprechenden und dennoch nicht auf die Zielgruppe der Türkeistämmigen beschränkten Produktnamen unterstützt werden. Bezeichnungen wie „Multi", „Global" oder „Universal" könnten mit dem Zusatz „PHV" als Produktnamen näher untersucht werden.

4.3.2. Preispolitik

Diese mengenmäßig am bedeutsamste Gruppe zeigen sich auch bezüglich der Kaufkraft an der Spitze: die 2,5 Millionen Einwohner türkischer Herkunft haben eine Kaufkraft von rund 17 Milliarden Euro, welche mit der des Saarlands vergleichbar ist.[95] Bei der **Preisstrategie** soll demnach der Preis als Qualitätsindikator dienen.[96] Die Ermittlung des Preises erfolgt in Abhängigkeit der Konkurrenz. Dazu können die Angebote auf der Versicherungsvergleich-Seite „www.check24.de" hinzugezogen werden.

---

[94] Vgl. Raake, S./Pispers, R. (2010), S. 9 f.
[95] Vgl. http://www.ethnomarketing.net/50-ethno-marketing-werben-sie-multikulturell, 29.12.2010, 12:37 Uhr
[96] Vgl. Schmidt-Gallas, Dr. D. u. a. (2010), S. 809.

Werden dabei diese Daten angegeben:

- Paar/Familie mit Kindern unter 7 Jahren,[97]
- 5 Millionen EUR Versicherungssumme für Personen- und Sachschäden,
- Zahlungsweise: jährlich, Laufzeit: 1 Jahr,
- nicht beamtet oder im öffentlichen Dienst, keine Selbstbeteiligung im Versicherungsfall, kein Einschluss einer Ausfalldeckung, kein Einschluss von Schlüsselschäden, kein Hund,

liegen die Prämien zwischen 59,50 EUR und 141,07 EUR. Die durchschnittliche Prämie beträgt 91,07 EUR.[98] Andere Angaben, wie eine höhere oder niedrigere Versicherungssumme, kein Einschluss von Kindern unter 7 Jahren und Vereinbarungen von Selbstbeteiligungen führen zu anderen Prämien. Zur Einführung dieses Produktes sollte für die ersten drei Monate jeweils der **Durchschnittspreis** angesetzt werden. Das soll den Nutzer dazu animieren, sich ein eigenes Bild von dem Versicherer und dem Produkt zu machen. Eine genaue Festlegung der Prämien kann nur unter Kenntnis des implementierenden Versicherers erfolgen. Danach sollen die Preise erhöht werden, nach dem Leitgedanken „Was nichts kostet, ist nichts wert". Kunden versuchen oft Produktqualität anhand von Qualitätsindikatoren wie Marke, Ursprungsland oder Preis zu beurteilen. Sie gehen davon aus, dass **hohe Preise** auch hohe Qualität signalisieren[99]. Da trotz der Online-Maßnahmen der traditionelle Vertrieb zum Einsatz kommt, können voraussichtlich keine großen Einsparungen bei den Verwaltungs- und Vertriebskosten erreicht werden. Die weitere Preisentwicklung soll von folgenden Faktoren abhängig gestaltet werden,

- ob und wie viele andere Versicherer in den Markt eintreten und
- wie die Preissensibilität und –elastizität ist.[100]

---

[97] Es liegt keine Statistik über den Familienstand von Personen mit türkischem Migrationshintergrund vor, daher werden die Werte für die Gesamtheit der Menschen mit Migrationshintergrund verwendet, wie bereits bei der Festlegung der zu untersuchenden Versicherungsprodukte.
[98] Vgl. http://www.check24.de/versicherungen/privathaftpflicht/privathaftpflicht-vergleich/, 12.01.2011, 15:37 Uhr
[99] Vgl. Schmidt-Gallas, Dr. D. u. a. (2010), S. 809.
[100] Vgl. Chaffey, D. u. a. (2009), S. 306.

4.3.3. Distributionspolitik

Die **Distributionsstrategie** besteht aus einer Mischung von „clicks" und „bricks", also aus einem On- und einem Offline-Bereich. Kunden, die sich **online informiert** haben, sollen den Versicherungsvertrag **persönlich** im Beisein eines Versicherungsvertreters **abschließen**. Diese klassischen Versicherungsvertreter sollen für die Zielgruppe als sprachliche und kulturelle Vermittler dienen. Türkisch-Kenntnisse sind für sie ein Muss. Ihre Niederlassungen sollen in Deutschland so verteilt werden, dass sie vor allem in Regionen mit einer hohen Konzentration an Personen mit türkischem Migrationshintergrund sind. Weiterhin kann das Produkt auch über Versicherungsmakler vertrieben werden. Dies führt zwar nur zu einem mittelmäßigen Online-Umsatz, doch dafür auch nur zu wenigen Veränderungen in der Unternehmensorganisation.[101]

Kunden können entweder durch Angabe ihrer Postleitzahl mit dem Vertreter in nächster Nähe in Kontakt treten oder sich aus einer Datenbank einen Beliebigen aussuchen. Der Vertragsabschluss soll im persönlichen Kontakt mit dem Versicherungsvertreter erfolgen, da eine Studie der GfK Panel Services, der Allianz und Google zufolge zwar 40 Prozent der Neuabschließer, die über einen Internetzugang verfügen, vorab im Internet recherchieren, doch davon nur ein Viertel auch online abschließt. Letztlich bevorzugen 90 Prozent der Neuabschließer mit Internetzugang den persönlichen Vertragsabschluss beim Versicherungsvermittler, ob sie online recherchieren oder nicht.[102] Direkt- oder Online-Vertrieb sind demzufolge wenig erfolgversprechend.

4.3.4. Kommunikationspolitik

Die **Kommunikationsstrategie** umfasst zum Einen die zielgruppengerechte Darstellung der Informationen auf der eigenen Website. Auf der anderen Seite müssen Nutzer durch Werbung auf die eigene Website aufmerksam gemacht werden. Über Werbebanner auf anderen Internetseiten, Suchmaschinen-Marketing, Social Media-Marketing sowie Printwerbung in der Tageszeitung „Hürriyet" und Plakaten an belebten Orten in Regionen mit hohem Anteil an Personen mit türkischem Hintergrund kann die Aufmerksamkeit erregt werden. Im Aktionszeitraum soll der Vertrieb über Versicherungs-

---

[101] Vgl. Chaffey, D. u. a. (2009), S. 251.
[102] http://www.versicherungsbetriebe.de/data/news/News-Online-informieren-offline-kaufen_5691436.html, 03.01.2011, 19:52 Uhr

makler durch erhöhte Courtagen unterstützt werden. Nach der Einführungsphase werden diese Maßnahmen reduziert. Dann sollen die Werbebotschaften sowohl on- als auch offline abgewandelt und in regelmäßigen Abständen zur Erinnerung beitragen.

Personen, die sich über Versicherungen informieren wollen, klicken sich mehrheitlich durch bis zu fünf Seiten. Dabei werden mit 18,1 Prozent am häufigsten allgemeine Informationsseiten aufgerufen. Hierzu zählen die Online-Seiten von Tageszeitungen mit versicherungsbezogener Berichterstattung. Am zweihäufigsten werden Suchmaschinen mit 16,3 Prozent verwendet und Vergleichsportale am dritthäufigsten mit 13,2 Prozent.[103]

Dafür soll ein **Werbebanner** auf diesen Internetseiten platziert werden:
- „www.vaybee.de" (Internetportal für in Deutschland lebende Türken): Etwa 91 Prozent der Besucher sind aus Deutschland und im Alter von 25 bis 44 Jahren,[104]
- „www.hurriyet.com.tr" (Website einer türkischen Tageszeitung): Etwa 76 Prozent der Besucher sind aus Deutschland und im Alter von 25 bis 45 Jahren[105] und
- „www.turkdunya.de" (Internetportal für in Deutschland lebende Türken): Etwa 73 Prozent der Besucher sind aus Deutschland und im Alter von 35 bis 44 Jahren.[106]

Weiterhin wird eine **Printwerbung** in der Tageszeitung „Hürriyet" platziert. An strategisch vorteilhaften Bahn-/Bus-Stationen und entlang viel befahrener Straßen werden **Plakate** aufgehängt, wie in Berlin-Kreuzberg und Duisburg-Marxloh[107].

Die Werbung muss Türkeistämmige direkt ansprechen, emotionsvoll und einprägsam sein.[108] Sie muss dem Leser die Bedeutsamkeit einer PHV vermitteln und ihn dazu

---
[103] http://www.versicherungsbetriebe.de/data/news/News-Online-informieren-offline-kaufen_5691436.html, 03.01.2011, 19:52 Uhr
[104] Vgl. http://www.alexa.com/siteinfo/vaybee.de, 15.01.2011, 16:12 Uhr
[105] Vgl. http://www.alexa.com/siteinfo/hurriyet.de, 15.01.2011, 16:14 Uhr
[106] Vgl. http://www.alexa.com/siteinfo/turkdunya.de, 15.01.2011, 16:13 Uhr
[107] Vgl. http://www.zeit.de/2005/46/dt__Integration?page=all&print=true, 16.01.2011, 16:35 Uhr
[108] Vgl. http://www.tuerkeifokus.de/pdf/Ethnomarketing_Seminar_Praesentationsfolien.pdf, S. 80, 16.01.2011, 17:36 Uhr

bringen, die Homepage zu besuchen. Er soll erkennen, dass ein spezieller Nutzen für ihn online besteht, den er offline nicht hat und auch nicht bei anderen Unternehmen hat.[109]

Als weiterer Schritt soll **Suchmaschinen-Marketing** betrieben werden, damit Suchende auch das Ziel, unsere Website, finden. Dabei soll vor allem auf die **Suchmaschinen-Optimierung** Wert gelegt werden. Durch technische und inhaltliche Anpassungen der Website können in gewissem Umfang die Suchmaschinen-Ergebnisse beeinflusst werden. Ziel ist es, die türkischsprachigen Seiten des Versicherers möglichst unter den ersten drei natürlichen Suchmaschinen-Ergebnissen erscheinen zu lassen. Dazu müssen die Schlüsselwörter (englisch: „keywords") gefunden werden, die der Nutzer am häufigsten eingibt.[110] Zusätzlich kann durch bezahlte Einträge in den Suchmaschinen Werbung platziert werden. Diese Form des Suchmaschinen-Marketings mit bezahlten Einträgen wird u. a. auch als „**pay-per-click**" bezeichnet. Bei Eingabe der Schlüsselwörter durch den Nutzer werden in einem separaten Bereich der Suchergebnis-Seite Anzeigen eingeblendet. Sie enthalten neben einem kurzen Text eine Verlinkung auf eine Unternehmens-Homepage. Das vorteilhafte daran ist, dass dem werbenden Unternehmen nur bei einem Klick auf die Anzeige Kosten entstehen.[111]

Drei Entscheidungskriterien müssen bei der Auswahl von Keywords beachtet werden:
- Relevanz: optimale Repräsentierung des Inhalts der Seite und exakte Wortwahl bei der Suche durch den Nutzer,
- Suchhäufigkeit: möglichst hohe Suchpopularität und
- Konkurrenz: mit steigender Konkurrenz sinkt die Verfügbarkeit von relevanten und häufig gesuchten Begriffen, erhöht sich der Preis für die Nutzung beliebter Begriffe und steigt die Anzahl der Suchtreffer.[112]

Denkbar sind Keywords wie „Sorumluluk Sigortasi" (deutsch: Privat-Haftpflichtversicherung), „Privat-Haftpflichtversicherung türkisch", der Name des Versicherers in Verbindung mit dem Begriff „türkisch" sowie dem Werbespruch der Banner-, Print- bzw. Plakatwerbung sowohl auf Deutsch als auch auf Türkisch. Die Website sollte nach

---

[109] Vgl. Chaffey, D. u. a. (2009), S. 246.
[110] Vgl. Bischopinck, Y. von/Ceyp, M. (2007), S. 115.
[111] Vgl. Chaffey, D. u. a. (2009), S. 507.
[112] Vgl. Bischopinck, Y. von/Ceyp, M. (2007), S. 164.

dieser Optimierung auf ihre „Suchmaschinentauglichkeit" überprüft werden. Dazu wird die Domain auf „www.suchmaschinenoptimierung.info" eingegeben.[113]

Durch Einbettung der im nächsten Abschnitt beschriebenen Videos auf Internet-Videoportalen wie YouTube können auch **Social Media**-Potentiale genutzt werden. Die Videos sollten möglichst kurz sein.

Da neben Direktmarketing auch der klassische Vertrieb über Versicherungsmakler möglich ist, soll für sie in der Einführungszeit eine **erhöhte Courtage** gezahlt werden, wenn sie Kunden der Zielgruppe vermitteln.

4.3.5. Servicepolitik

Die **Servicestrategie** besteht ebenfalls aus einer Mischung sich ergänzender personeller und technischer Elemente. Sie umfasst die Strategie für die drei Marketing-Instrumente Personen, Physikalische Signale und Prozess. Derartiger Instrumente verhelfen dem Kunden das Leistungspotential des Versicherers einzuschätzen, ehe ein Versicherungsfall eingetreten ist.[114]

„Die Erfahrung mit einem einzigen Mitarbeiter reicht aus, um beim Kunden ein Image des Dienstleistungsunternehmens entstehen zu lassen."[115] So sieht die Servicestrategie eine **Erweiterung des Personals** vor. Im **Innendienst** der vertrags- und schadenbearbeitenden Abteilungen wird jeweils eine Person mit türkischen Sprachkenntnissen eingestellt. Im **Außendienst** werden auch Versicherungsvertreter mit Türkischkenntnissen benötigt. Schulungen dieser Mitarbeiter sollen zur Kundenorientierung mit Beachtung türkischer Besonderheiten durchgeführt werden.

Technische Unterstützung bieten zweisprachige Funktionen wie einen „**Frequently Asked Questions**" (FAQ)-Bereich bei welchem ein Experte als Videobotschaft auf Türkisch antwortet. So können hier Fragen zur Nutzung des Online-Portals, Fragen, was im Schadenfall zu tun und beachten ist, Fragen zur Prämienrechnung beantwortet wer-

---

[113] Vgl. Eugster, J. (2009), S. 295.
[114] Vgl. Lehmann, A. (1996): S. 84.
[115] http://www.mc-rn.de/aktuelles/21-Die_sieben_P_des_Dienstleistungsmarketing_-_Das_Marketing_der_Zukunft, 18.01.2011, 18:37 Uhr

den. Durch regelmäßige Befragung der Mitarbeiter können diese FAQs laufend ergänzt werden.

Darüber hinaus können eine **Suchmaschine auf der Website** und ein **Call-Back-Service** dem Kunden bei Fragen weiterhelfen. Die Online-Anwendungen sollen die standardisierten und einfacheren Anfragen beantworten, so dass Mitarbeiter sich auf die spezielleren und komplizierteren Tätigkeiten konzentrieren können. Eine gute Beratung schafft eine gute Vertrauensbasis.

Durch Registrierung in einem **Online-Portal** können z. B. Anschriften geändert, Rechnungskopien erstellt und Vertragsauskünfte eingeholt werden und zwar eigenständig durch den Kunden.

4.4. Kosten-Nutzen-Analyse

Die Kosten-Nutzen-Analyse dient dazu die Marketing-Maßnahmen und deren voraussichtliche Wirkung einzuschätzen. Dies soll eine Aussage über die Wirtschaftlichkeit der Maßnahmenumsetzung ermöglichen und damit das Verhältnis zwischen Kosten und Nutzen der Marketingstrategie konkretisieren.[116] Übersteigen die Kosten den Nutzen, also den Gewinn, den das Unternehmen durch Einsatz der Instrumente erzielen möchte, wären Verluste die Folge. Damit wäre das Ziel der Gewinnsteigerung verfehlt. Tabelle 6 zeigt Kosten, die bei der Umsetzung der Strategie entstehen können. Letztlich hängen diese von bereits bestehenden Strukturen und Funktionen des Unternehmens ab. Die Aufstellung enthält die Kosten, die bei der Implementierung anfallen, so dass nach der Umsetzung nur noch die laufenden Kosten zu berücksichtigen sind. Die Werte beruhen auf Schätzungen, da eine genauere Analyse den Rahmen dieses Buches in Bezug auf Zeit und Umfang übersteigen würde.

---

[116] Vgl. Meffert, H./Bruhn, M. (2006), S. 768.

Aktion	Personen-kapazität	Lohnkosten für Arbeitgeber pro Person	Lohnkosten für Arbeitgeber Gesamt	Technik-kosten	Versicherung-steuer 19%	Schaden-bedarf 50%	Sicherheits-zuschlag 11,70%	Regulierungs-kosten 12,20%	Rückversiche-rungskosten 3%
PHV mit hohem Versicherungsumfang erfinden	2 F+E	3.500,00	7.000,00	0,00	558.823,53	1.470.588,24	344.117,65	358.823,53	88.235,29
deutsche und türkische Informationen und Kontaktmöglichkeiten (telefonisch, schriftlich, Call-Back und Agentursuche) auf der Website anbieten	2 M, 2 IT, 1 MA	3.500,00	17.500,00	5.000,00	0,00	0,00	0,00	0,00	0,00
deutsche und türkische Bedarfsanalyse auf der Website mit Versand des erstellten Angebots und Nutzerdaten (Name und Kontaktmöglichkeit) an Vertreter	0,5 F+E, 0,5 M, 2 IT, 0,5 MA	3.500,00	15.750,00	8.000,00	0,00	0,00	0,00	0,00	0,00
Bewertungs- und Weiterempfehlungsmöglichkeit auf der Website bieten, Feedback von Neuabschließern einholen und ggf. online stellen	0,5 M, 1 IT, 0,5 MA	3.500,00	7.000,00	1.000,00	0,00	0,00	0,00	0,00	0,00
Befragung der MA zu häufigen Fragen	0,5 BO	3.500,00	1.750,00	0,00	0,00	0,00	0,00	0,00	0,00
Prämien kalkulieren (Einführungsphase um x% reduziert)	1 F+E	3.500,00	3.500,00	0,00	0,00	0,00	0,00	0,00	0,00
Prämien überprüfen abhängig von anderem Versicherern und der Preissensibilität	1,5 F+E	3.500,00	5.250,00	0,00	0,00	0,00	0,00	0,00	0,00
Vermittler über neue Marketing-Strategie informieren (und ggf. höheren Courtagen)	0,2 V, 0,2 IT	3.500,00	1.400,00	10.000,00	0,00	0,00	0,00	0,00	0,00
Strategische Positionierung der Niederlassungen	1 M, 2 BO, 1 MA	3.500,00	14.000,00	40.000,00	0,00	0,00	0,00	0,00	0,00
Werbung für Web (Werbebanner, Suchmaschinenwerbung), Print und Plakat erstellen	4 M, 1 MA	3.500,00	17.500,00	200.000,00	0,00	0,00	0,00	0,00	0,00
Suchmaschinenoptimierung - Ermittlung weiterer Keywords, technische und inhaltliche Anpassung der Website und Überprüfung der Suchmaschinentauglichkeit	1,5 M, 0,5 MA	3.500,00	7.000,00	10.000,00	0,00	0,00	0,00	0,00	0,00
deutsche und türkische FAQ-Videos erstellen und auf die Website und auf Youtube stellen	8 M	3.500,00	28.000,00	10.000,00	0,00	0,00	0,00	0,00	0,00
Einstellung/Ermittlung von Innendienst-Mitarbeitern in Schaden und Vertragsverwaltung sowie Außendienst	4 P	3.500,00	14.000,00	0,00	0,00	0,00	0,00	0,00	0,00
Schulungen der Mitarbeiter	2 P	3.500,00	7.000,00	0,00	0,00	0,00	0,00	0,00	0,00
Suchmaschine und Online-Portal auf Website stellen	2 M, 2 IT, 1 MA	3.500,00	17.500,00	2.000,00	0,00	0,00	0,00	0,00	0,00
Summe aller Kosten						3.270.738,24			
Umsatz (brutto)						3.500.000,00			
Gewinn						229.261,76			

Tabelle 6: Kosten-Nutzen-Analyse für die Ethno-Marketingstrategie

Quelle: eigene Darstellung

Abschließend kann gesagt werden, dass ein Versicherer die Strategie nur dann verfolgen sollte, wenn die Kosten der Umsetzung dauerhaft geringer sind als der zu erwartende Nutzen.

4.5. Aktionsplan und Controlling

Phase fünf des SOSTAC®-Modells erfordert die Erstellung eines Aktionsplans wie in Tabelle 7 beispielhaft dargestellt. Er dient dazu, Zuständigkeiten und Zeitpunkte der taktischen Planung festzulegen. Dabei werden Strukturen aufgestellt, interne Ressourcen und Fähigkeiten betrachtet und ggf. externe Agenturen beauftragt.[117] Dieser Aktionsplan geht davon aus, dass mit den Maßnahmen ein halbes Jahr vor Einführung begonnen wird. Die Einführung findet also zum siebten Monat statt.

Markting-instrument	Was wollen wir tun?	Was wollen wir damit erreichen?	Wann wollen wir es tun?	Wer soll es tun?
Produkt	PHV mit hohem Versicherungsumfang erfinden	Qualitätsprodukt	Monat 1 und 2	F+E
	deutsche und türkische Informationen und Kontaktmöglichkeiten (telefonisch, schriftlich, Call-Back und Agentursuche) auf der Website anbieten	Vertrauen gewinnen, Bedarf aufzeigen, Kauflust wecken, Interessenten zu Kunden machen	Monat 3 und 4	M + IT (ggf. + MA)
	deutsche und türkische Bedarfsanalyse auf der Website mit Versand des erstellten Angebots und Nutzerdaten (Name und Kontaktmöglichkeit) an Vertreter	Bedarf bezahlbar decken	Monat 5	F+E + M + IT (ggf. + MA)
	Bewertungs- und Weiterempfehlungsmöglichkeit auf der Website bieten, Feedback von Neuabschließern einholen und ggf. online stellen	ggf. Weiterentwicklung	Monat 5	M + IT (ggf. + MA)
	Befragung der MA zu häufigen Fragen	Verbesserung der FAQ und Entlastung Personal	Monat 9	BO
Preis	Prämien kalkulieren (Einführungsphase um x% reduziert)	gewinnsteigernder Absatz	Monat 3	F+E
	Prämien überprüfen abhängig von anderen Versicherern und der Preissensibilität	konkurrenzfähig bleiben	Monat 12	F+E
Distribution	Vermittler über neue Marketing-Strategie informieren (und ggf. höheren Courtagen)	Interessenten zu Kunden machen	Monat 6	V + IT
	Strategische Positionierung der Niederlassungen	Nähe zum Kunden	Monat 3 und 4	M + BO (ggf. + MA)
Kommunikation	Werbung für Web (Werbebanner, Suchmaschinenwerbung), Print und Plakat erstellen	Absatz	Monat 4 und 5	M (ggf. + MA)
	Suchmaschinenoptimierung - Ermittlung weiterer Keywords, technische und inhaltliche Anpassung der Website und Überprüfung der Suchmaschinentauglichkeit	Interessenten gewinnen	Monat 6	M (ggf. + MA)
	deutsche und türkische FAQ-Videos erstellen und auf die Website und auf Youtube stellen	Interessenten gewinnen	Monat 6	M
Service	Einstellung/Ermittlung von Innendienst-Mitarbeitern in Schaden und Vertragsverwaltung sowie Außendienst	Nähe zum Kunden	Monat 3 bis 6	P
	Schulungen der Mitarbeiter	Nähe zum Kunden	Monat 6	P
	Suchmaschine und Online-Portal auf Website stellen	Interaktion mit dem Kunden	Monat 4 und 5	M + IT (ggf. + MA)

Legende	Forschung und Entwicklung	Marketing	Vertrieb	Marketing-agentur	Personal-abteilung	Betriebsor-ganisation	Information-stechnik
	F+E	M	V	MA	P	BO	IT

Tabelle 7: Aktionsplan für die Ethno-Marketingstrategie

Quelle: in Anlehnung an Ramme, I. (2004), S.276.

Die letzte Phase bei der Planung der onlinebasierten Ethno-Marketingstrategie dreht sich um das Controlling. Das Marketingcontrolling befasst sich vor der Strategieimplementierung mit der Frage, wie die Maßnahmen überwacht werden können und nachfolgend mit der Überprüfung des Zielerreichungsgrades. Die Frage ist dann, ob die strategischen und taktischen Ziele erreicht wurden und wie Verbesserungen gemacht werden können, um die Ergebnisse zu verstärken.[118] Gegebenenfalls sucht es auch nach Grün-

---

[117] Vgl. Chaffey, D. u. a. (2009), S. 211.
[118] Vgl. ebd., 211 f.

den, warum die Ziele nicht erreicht wurden. Daraufhin sollte eine kritische Betrachtung der Ziele unter Einbeziehung der Situationsanalyse vorgenommen werden. Der SOSTAC®-Kreislauf wird erneut von vorne durchlaufen.[119] Über Kennzahlen, die wiedergeben, wie viele Personen, die Website betreten, wie lange sie sich dort aufhalten und wohin sie danach klicken, soll eine Einschätzung über die Attraktivität der Website erstellt werden. Ebenfalls ist die Anzahl der Personen, die über einen Klick auf einen Werbebanner oder den bezahlten Eintrag in der Suchmaschine auf die Website gelangen, messbar. Sie sollen regelmäßig überprüft werden, um Verbesserungen vornehmen zu können. Parallel können die Anzahl der neu abgeschlossenen Verträge sowie die Anzahl der Anrufe bei den Ansprechpartnern gezählt werden.

---

[119] Vgl. Ramme, I. (2004), S.276.

5 Fazit und Empfehlung

Ausgangspunkt dieses Buches war die sich ändernde Angebots- und Nachfrageseite des Marktes, der sich Unternehmen stellen müssen. Durch Fokussierung der unternehmerischen Marketingaktivitäten auf eine ethnische Zielgruppe sollte das Wachstumspotential für Versicherungen untersucht werden.

Zunächst fand eine Klärung theoretischer Grundlagen aus den Bereichen Soziologie, Marketing, Versicherung und Marktanalyse statt. Darauf baute die Planung der durchgeführten Marktanalyse auf. Die Online-Erhebung von Primärdaten wurde in Form einer Analyse von Suchmaschinen-Ergebnissen zu definierten Begriffen auf verschiedenen Sprachen durchgeführt. Dafür wurde recherchiert, dass die vier größten Personengruppen mit Migrationshintergrund in Deutschland aus der Türkei, der Russischen Föderation, Polen und Italien stammen. Sie leben am häufigsten als Paare mit Kindern zusammen, sind angestellt oder selbstständig, besitzen ein Kfz und wohnen zur Miete. Berufsunfähigkeits-, KFZ-, Privat-Haftpflicht-, Lebens- und Unfallversicherung wurden als wichtigste Versicherungsprodukte für sie ermittelt. Nach diesen wurde in den beiden beliebtesten Suchmaschinen Google und Yahoo! auf den vier ethnisch begründeten Sprachen, sowie Englisch als Weltsprache gesucht.

Die jeweils ersten fünf Ergebnisse zeigten, dass der Versicherungsmarkt speziell für Personen mit Migrationshintergrund online nur unzureichend bedient wird. Untersuchungskriterien waren die Anzeige der richtigen Sprache, die Beschreibung des Versicherungsproduktes, die telefonische oder schriftliche Kontaktmöglichkeit und, ob ein Vertragsabschluss online möglich war. Die zusätzliche subjektive Einschätzung der Benutzerfreundlichkeit und des Informationsgehalts fiel ebenfalls schlecht aus.

Von allen Sprachen und Produkten konnte dargestellt werden, dass die Seiten auf Türkisch zur Privat-Haftpflichtversicherung am schlechtesten bewertet wurden. Das führte im Folgenden dazu, eine Marketingstrategie zu entwickeln, mit der die türkeistämmige Zielgruppe der „Grown-Ups" angesprochen werden kann. Durch besonders hohe Servicequalität sollen Versicherer eine Marke aufbauen und die Zielgruppe erreichen können. Eine unabdingbare Maßnahme dazu ist eine zweisprachige Website, auf der Interessenten für sie wichtige Informationen und Preise erfahren können. Auf die Website soll mit kommunikationspolitischen Mitteln on- und offline aufmerksam gemacht werden. Der eigentliche Vertragsabschluss erfolgt allerdings ausschließlich offline, um über den persönlichen Kontakt zu Versicherungsvertretern die Kundenbindung zu stärken.

Dieses Buch hat für die Versicherungsbranche gezeigt, dass Potential sowohl in Menge der betroffenen Personen, in deren Kaufkraft und in dem unbedienten Bedarf vorhanden ist. Es zeigte sich nicht nur, dass Ethno-Marketing im Versicherungswesen kaum betrieben wird sondern auch, dass große Versicherer keine fremdsprachigen Seiten für die größten ethnischen Zielgruppen liefern. Es liegt also nicht daran, dass Versicherer nicht drüber „sprechen", nein, sie betreiben es schlichtweg nicht.

Die Autorin teilt nicht die Meinung, dass es sich bei Ethno-Marketing um ein „Zukunftsthema"[120] handelt. Vielmehr belegt der hohe Anteil von Personen mit Migrationshintergrund an der deutschen Bevölkerung bereits jetzt, dass es sich um ein Thema der Gegenwart handelt. „Wer sich heute die Markentreue und Aufmerksamkeit dieser Gruppe sichert, kann in Zukunft auf Kundentreue und wirtschaftlichen Erfolg setzen."[121] Und das von einer tendenziell größer werdenden Gruppe.[122]

Für eine praktische Umsetzung der Strategie werden nicht nur türkische Sprachkenntnisse, sondern auch Kenntnisse über Werte, Kultur und Verhalten benötigt. Gemeinsam mit solchen „interkulturellen Vermittlern" und der nötigen Ernsthaftigkeit entstehen vor allem Online enorme zusätzliche Potentiale für Versicherungen. Die Beschränkung auf ein Versicherungsprodukt könnte schnell aufgehoben werden, um den Kunden auch in anderen Bereichen zu binden.

Noch ist der ethnisch-fokussierte Online-Versicherungsmarkt kaum bearbeitet, doch es muss davon ausgegangen werden, dass dies nicht lange so bleibt. Wer zuerst kommt, schreibt zuerst.

---

[120] Vgl. Tanis, Fatma (2009), S. 26.
[121] Vgl. Kraus-Weysser, F./Ugurdemir-Brincks, N. (2002), S. 228.
[122] Vgl. http://www.tagesspiegel.de/politik/30-prozent-der-neugeborenen-sind-migrantenkinder/1883768.html, 17.01.2011, 20 17 Uhr

Literaturverzeichnis

Berekoven, Ludwig/Eckert, Werner/Ellenrieder, Peter (2009): Marktforschung Methodische Grundlagen und praktische Anwendung, 12. Auflage, Wiesbaden

Bischopinck, Yvonne von/Ceyp, Michael (2007): Suchmaschinen-Marketing: Konzepte, Umsetzung und Controlling, Berlin-Heidelberg

Brauer, Benjamin (2004): Ethnomarketing: Die Bedeutung der Kultur für das Konsumentenverhalten ethnischer Gruppen, München-Ravensburg

Bundesministerium des Innern (Hrsg.) (2008): Migrationsbericht des Bundesamtes für Migration und Flüchtlinge im Auftrag der Bundesregierung – Migrationsbericht 2007, Paderborn

Chaffey, Dave/Ellis-Chadwick, Fiona/Mayer, Richard/Johnston, Kevin (2009): Internet Marketing: Strategy, Implementation and Practice, 4. Auflage, Harlow (GB)

Enge, Eric/Spencer, Stephan/Fishkin, Rand/Stricchiola, Jessie C. (2009): The Art of SEO – Mastering Search Engine Optimization – Theory in Practice O'Reilly, Beijing u. a.

Esch, Franz-Rudolf/Herrmann, Andreas/Sattler, Henrik (2008): Marketing: Eine managementorientierte Einführung, 2. Auflage, München

Eugster, Jörg (2009): Online Marketing - Wie fischt man Kunden aus dem Internet?, 3. Auflage, Zürich (CH)

Farny, Dieter (1988): Handwörterbuch der Versicherung: HdV, Karlsruhe

Farny, Dieter (2006): Versicherungsbetriebslehre, 4. Auflage, Karlsruhe

Forstman, Christine/Scholz, Günter (1995), Optimierung des Schadenmanagements, in: Versicherungswirtschaft, 50. Jahrgang, Heft 3, S. 193 ff.

Initiative D21 e.V. (Hrsg.) (2008), Sonderauswertung des (N)ONLINER Atlas 2008 - Internetnutzung und Migrationshintergrund in Deutschland, o. A., o. O.

Kotler, Philip/Keller, Kevin Lane/Bliemel, Friedhelm (2007): Marketing-Management: Strategien für wertschaffendes Handeln, 12. Auflage, München

Kraus-Weysser, Folker/Ugurdemir-Brincks, Natalie B. (2002): Ethno-Marketing - Türkische Zielgruppen verstehen und gewinnen, 1. Auflage, Landsberg am Lech

Lammenett, Erwin (2009): Praxiswissen Online-Marketing: Affiliate- und E-Mail-Marketing, Keyword-Advertising, Online-Werbung, Suchmaschinen-Optimierung, 2. Auflage, Wiesbaden

Lehmann, Axel (1996): Leistungsstrategien im liberalisierten Versicherungsmarkt in: Tscheulin, Dieter K./Helmig, Bernd (Hrsg.): Branchenspezifisches Marketing: Grundlagen – Besonderheiten – Gemeinsamkeiten, Wiesbaden, S. 84.

Lehr, Ursula (2003): Lebenslanges Lernen - eine Herausforderung in einer Zeit des technischen, sozialen und demografischen Wandels - Vortrag für den II. Workshop LLL am 5.11.2003, Heidelberg

Meffert, Heribert/Bruhn, Manfred (2006): Dienstleistungsmarketing: Grundlagen - Konzepte – Methoden, 5. Auflage, Wiesbaden

Musiolik, Thomas H. (2010): Ethno-Marketing: Werbezielgruppen in der multikulturellen Gesellschaft, Hamburg

Porter, Michael E. (1998): Competitive Strategy: Techniques for Analyzing Industries and Competitors, New York (USA)

Porter, Michael E. (2001): Strategy and the Internet, Harvard Business Review, Ausgabe März, S. 62 ff.

Raake, Stefan/Pispers, Ralf (2010): Versicherer im Internet – Status, Trend und Perspektiven, Karlsruhe

Ramme, Iris (2004): Marketing: Einführung mit Fallbeispielen, Aufgaben und Lösungen, 2. Auflage, Stuttgart

Rosenbaum, Markus/Wagner, Fred (2002): Versicherungsbetriebslehre: grundlegende Qualifikationen, 2. Auflage, Karlsruhe

Ruff, Andreas (2002): DomainLaw: der Rechtsschutz von Domain-Namen im Internet, Berlin

Schmidt-Gallas, Dirk/Paluch, Michael/Cremer, Eva (2010): Preispsychologie: Die zehn wichtigsten Effekte aus der Forschung und ausgewählte Praxisbeispiele aus der Assekuranz, in: Zeitschrift für Versicherungswesen, Heft 22, S. 809.

Statistisches Bundesamt (Hrsg.) (2010a): Bevölkerung und Erwerbstätigkeit, Bevölkerung mit Migrationshintergrund - Ergebnisse des Mikrozensus 2008, o. A., Wiesbaden

Statistisches Bundesamt (Hrsg.) (2010b): Statistisches Jahrbuch 2010 Für die Bundesrepublik Deutschland mit »Internationalen Übersichten«, o. A., Wiesbaden

Tanis, Fatma (2009): Ausländer als Marketingzielgruppe – Besonderheiten, Konzepte, Beispiele, München

Weber, Max (2001): Wirtschaft und Gesellschaft: die Wirtschaft und die gesellschaftlichen Ordnungen und Mächte: Nachlass. Gemeinschaften, Band 1, o. A., Tübingen.

Willemsen, Wolfgang (2008), Online-Marketing von kleinen und mittleren Unternehmen: am Beispiel des Webauftritts der Firma Gerhard Hörauf Einrichtung und Planung, Hamburg

Internetverzeichnis

Alexa Internet Inc., http://www.alexa.com/topsites/countries/DE, 12.12.2010, 14:50 Uhr

Alexa Internet, Inc., http://www.alexa.com/siteinfo/hurriyet.de, 15.01.2011, 16:14 Uhr

Alexa Internet, Inc., http://www.alexa.com/siteinfo/turkdunya.de, 15.01.2011, 16:13 Uhr

Alexa Internet, Inc., http://www.alexa.com/siteinfo/vaybee.de, 15.01.2011, 16:12 Uhr

Allgemeines Gleichbehandlungsgesetz, http://www.gesetze-im-internet.de/agg/__1-.html, § 1 AGG, 11.01.2011, 18:49 Uhr

Allianz SE, https://www.allianz.com/de/index.html, 16.01.2011, 19:51 Uhr

Antidiskriminierungsstelle des Bundes (Hrsg.), http://www.antidiskriminierungsstelle.de/ADS/Das-Gesetz/anwendungsbereiche.html, 11.01.2011, 18:33 Uhr

Auswärtiges Amt, http://www.auswaertiges-amt.de/DE/Aussenpolitik/Laender/Laenderinfos/01-Laender/Italien.html, 19.01.2011, 14:57 Uhr

Auswärtiges Amt, http://www.auswaertiges-amt.de/DE/Aussenpolitik/Laender/Laenderinfos/01-Laender/Polen.html, 19.01.2011, 14:56 Uhr

Auswärtiges Amt, http://www.auswaertiges-amt.de/DE/Aussenpolitik/Laender/Laenderinfos/01-Laender/RussischeFoederation.html, 19.01.2011, 14:55 Uhr

Auswärtiges Amt, http://www.auswaertiges-amt.de/DE/Aussenpolitik/Laender/Laenderinfos/01-Laender/Tuerkei.html, 19.01.2011, 14:54 Uhr

Auswärtiges Amt, http://www.auswaertiges-amt.de/DE/Infoservice/FAQ/Uebersicht_node.html, 10.01.2011, 14:51 Uhr

Bund der Versicherten e. V., http://www.bundderversicherten.de/bedarfsrechner, 10.12.2010, 21:03 Uhr

Bund der Versicherten e. V., http://www.bundderversicherten.de/haftpflichtversicherungen, 12.01.2011, 12:43 Uhr

Bundeszentrale für politische Bildung, http://www.bpb.de/popup/popup_lemmata.html?guid=N1YNQQ, 05.01.2011, 20:17 Uhr

Bundeszentrale für politische Bildung, http://www.bpb.de/publikationen/E98OCJ,1,0,Zwischen_Regulierung_und_Deregulierung.html, 21.09.2010, 19:33 Uhr

Bundeszentrale für politische Bildung, http://www.bpb.de/wissen/2N9EU8,0,0,Weltsprache.html, 20.11.2010, 11:30 Uhr

CHECK24 Vergleichsportal GmbH, http://www.check24.de/versicherungen/privathaftpflicht/privathaftpflicht-vergleich/, 12.01.2011, 15:37 Uhr

Der Beauftragte des Berliner Senats für Integration und Migration, http://www.berlin.de/lb/intmig/aufgaben/, 27.12.0210, 14:48 Uhr

Einbrock Internet Business, http://www.juraforum.de/urteile/bgh/bgh-urteil-vom-22-11-2000-az-iv-zr-23599, 12.01.2011, 19:44 Uhr

Druck- und Verlagshaus Frankfurt am Main GmbH, http://www.fr-online.de/ratgeber/karriere/maenner-gehen-mit-63-5-jahre-in-rente/-/1473056/297213-2/-/index.html, 10.12.2010, 19:55 Uhr

ERGO Versicherungsgruppe AG, http://www.ergo.com/, 16.01.2011, 19:55 Uhr

Fachverlag der Verlagsgruppe Handelsblatt GmbH, http://www.absatzwirtschaft.de/CONTENT/_p=1004040,sst=LSk33CBmH6ERJ%252bgrzvqntTX9XWAC9zzSCGNM6mb9%252bCM%253d, 16.01.2011, 18:32 Uhr

First Steps, http://www.firststeps-project.eu/web/content.asp?lng=de&section=LINKS, 27.12.2010, 14:50 Uhr

Gabler Wirtschaftslexikon, http://wirtschaftslexikon.gabler.de/Archiv/378/marktanalyse-v7.html, 18.01.2011, 19:50 Uhr

Gabler Wirtschaftslexikon, http://wirtschaftslexikon.gabler.de/Archiv/508290/ethnomarketing-v1.html, 13.12.2010, 19:00 Uhr

Gemeindeverband der katholischen Kirchengemeinden in der Stadt Bochum, http://87.106.6.16/beftp/gv-bochum/9_impressum.html, 27.12.2010, 14:46 Uhr

Gesamtverband der Deutschen Versicherungswirtschaft e. V., http://www.gdv.de/Downloads/Positionen_2004/Positionen_34.pdf, 10.01.2011, 15:24 Uhr

Gesamtverband der Deutschen Versicherungswirtschaft e. V., https://secure.gdv.de/gdv-veroeffentlichungen/upload_img/144_dwl.pdf, S. 9, 20.11.2010, 11:46 Uhr

Holzmann Medien GmbH & Co. KG, http://www.versicherungsbetriebe.de/data/news/-News-Online-informieren-offline-kaufen_5691436.html, 03.01.2011, 19:52 Uhr

Immobilienverband Deutschland IVD Bundesverband der Immobilienberater, Makler, Verwalter und Sachverständigen e. V., http://www.ivd.net/html/0/329/artikel/911.html, 11.12.2010, 13:42 Uhr

Informationszentrum der deutschen Versicherer "Zukunft klipp + klar", http://www.klipp-und-klar.de/dateien/dokumente/versicherungen/tipps_private_haftpflicht_okt_08.pdf, 10.01.2011, 14:32 Uhr

Kazakoglu, Alper, http://www.ethnomarketing.net/50-ethno-marketing-werben-sie-multikulturell, 29.12.2010, 12:37 Uhr

Kraftfahrt-Bundesamt, http://web.archive.org/web/20080606010719/http:/www.kba.de, 11.12.2010, 12:03 Uhr

Kulinna, Matthias, http://www.tuerkeifokus.de/pdf/Ethnomarketing_Seminar_Praesentationsfolien.pdf, 16.01.2011, 17:36 Uhr

Marketing-Club Rhein-Neckar e. V., http://www.mc-rn.de/aktuelles/21-Die_sieben_P_-_des_Dienstleistungsmarketing_-_Das_Marketing_der_Zukunft, 18.01.2011, 18:37 Uhr

markt-studie.de, http://www.markt-studie.de/absatzwirtschaft/versicherungen-potenziale-2007-p-10108.html#anker0, 29.12.2010, 11:53 Uhr

Omikron Data Quality GmbH, http://www.direktportal.de/index.4.article.9.1.html, 13.01.2011, 15:35 Uhr

Stadt Frankfurt am Main, http://www.frankfurt.de/sixcms/detail.php?id=7017&_ffmpar%5b_id_inhalt%5d=102438, 27.12.2010, 14:47 Uhr

Statista GmbH, http://de.statista.com/statistik/diagramm/studie/108343/umfrage/haushaltsbefragung%3A-vermietung-verpachtung---einnahmen-aus-grund--oder-hausbesitz/, 11.12.2010, 14:00 Uhr

Statista GmbH, http://de.statista.com/statistik/daten/studie/155324/umfrage/versicherer-in-deutschland-nach-beitragseinnahmen/, 16.01.2011, 19:39 Uhr

Statistisches Bundesamt Deutschland, http://www.destatis.de/jetspeed/portal/cms/Sites/destatis/Internet/DE/Content/Statistiken/Bevoelkerung/MigrationIntegration/Migrationshintergrund/Aktuell,templateId=renderPrint.psml, 18.01.2011, 23:40 Uhr

Talanx AG, http://www.talanx.com/de/index.jsp, 16.01.2011, 19:59 Uhr

TNS Emnid Medien- und Sozialforschung GmbH, http://www.tns-emnid.com/presse/presseinformation.asp?prID=839&message=Deutlich, 10.01.2011, 14:46 Uhr

Verlag Der Tagesspiegel GmbH, http://www.tagesspiegel.de/politik/30-prozent-der-neugeborenen-sind-migrantenkinder/1883768.html, 17.01.2011, 20:17 Uhr

Versicherungsaufsichtsgesetz, http://www.gesetze-im-internet.de/vag/BJNR001390901.html, 19.12.2010, 16:00 Uhr

Webhits Internet Design GmbH http://www.webhits.de/deutsch/index.shtml?webstats.html, 27.09.2010, 22:42 Uhr

Yahoo! Deutschland GmbH, http://de.search.yahoo.com/search;_ylt=A7x9QXgO-5TZNOXIAJuUzCQx.?ei=UTF-8&n=10&vo_vt=any&ve_vt=any&vp_vt=any&-vst=0&vf=all&vc=de&vm=p&fl=1&vl=lang_en&fr=yfp-t-708&p=Deutschland+%22Personal+liability+insurance%22, 24.12.2010, 10:38 Uhr

Zeit Online, http://www.zeit.de/2005/46/dt__Integration?page=all&print=true, http://www.zeit.de/2005/46/dt__Integration 16.01.2011, 16:35 Uhr

Zukunftsinstitut GmbH, http://www.zukunftsinstitut.de/verlag/zukunftsdatenbank_detail?nr=1821, 14.01.2011, 13:23 Uhr

Anhang

A Suchmaschinenauswertung – Tab Einstellungen

Einstellung der Suchmaschinen			
Google http://www.google.de/advanced_search?hl=de		**Yahoo!** http://de.search.yahoo.com/web/advanced	
Option	**Auswahl**	**Option**	**Auswahl**
Ergebnisse finden	*siehe beigefügte Liste*	Ergebnisse anzeigen mit	*siehe beigefügte Liste*
Anzahl der Ergebnisse	10 Ergebnisse		
Sprache	☐ Türkisch ☐ Russisch ☐ Polnisch ☐ Italienisch ☐ Englisch	Aktualisiert	irgendwann
		Website/Domain	Alle Domains
		Dateiformat	Allen Formaten
Region	Deutschland	Familienfilter	Aus
Dateiformat	Ausschließlich/irgendein Format	Land	Deutschland
Datum	ohne Zeitbegrenzung	Sprachen Nur nach Seiten suchen in: eine ~~oder mehrere~~ der folgenden Sprachen (~~wählen Sie beliebig viele~~).	☐ Türkisch ☐ Russisch ☐ Polnisch ☐ Italienisch ☐ Englisch
Position	irgendwo auf der Seite		
Domains	Ausschließlich/*leer*		
Nutzungsrechte	nicht nach Lizenz gefiltert	Anzahl der Ergebnisse	10 Ergebnisse
Safe Search	Kein Filter		
Seitenspezifische Suche	*leer*		

B Suchmaschinenauswertung – Ergebnisse Englisch

Datum der Durchführung:	24.12.2010									
Suche Nr./ Suchbegriffe	Such-maschine	Such-ergebnis	Internetadresse/ Domain (z. B. www.beispiel.de)	Wer ist der Autor/ Herausgeber der Seite? (z. B. Proximus Versicherung AG)	Ist die Seite in der gewünschten Sprache gehalten? (ja/ nein)	Wird das gesuchte Versicherungs-produkt beschrieben? (ja/ nein)	Kann das gesuchte Versicherungs-produkt online abgeschlossen werden? (ja/ nein)	Wird eine telefonische oder schriftliche Kontakt-aufnahme angeboten? (ja/ nein)	Wie benutzerfreundlich wird die Seite eingeschätzt? (0=gar nicht bis 5=sehr)	Wie informativ wird die Seite eingeschätzt? (0=gar nicht bis 5=sehr)	Bemerkungen
Suche Nr. 1 "Deutschland+ Berufsunfähigkeits-versicherung"		Such-ergebnisse bei Google									
		Platz 1	http://www.irs.gov/faqs/faq/0,,id=199751,0 0.html	Bundessteuerbehörde der Vereinigten Staaten	ja	nein	nein	nein	0	0	Müssen Einnahmen aus Lebens- und Berufsunfähigkeitsversicherungen steuerlich geltend gemacht werden?
		Platz 2	http://insurancedetails.com/disability.html	2Insure4Less.com - Versicherungsinformation und Vergleichsrechner	ja	ja	nein	nein	4	4	
		Platz 3	http://en.bab.la/dictionary/english-spanish/widows-disability-insurance-bene%EF%AC%81ts	bab.la GmbH	ja	nein	nein	nein	0	0	Übersetzung "widows disability insurance benefits" von englisch auf spanisch
		Platz 4	http://www.englisch-berufsunfähigkeitsversicherung-deutschland.tel	Tebocai Vermögensverwaltung Ltd	ja	nein	nein	nein	0	0	Informationen über BUV zu finden, Suche über Bundesland, PLZ und Google Maps möglich; viele Begriffe auf Deutsch
		Platz 5	http://www.generali-deutschland.de/online/portal/gdinternet/de/content/311198/310236	Generali Deutschland Immobilien GmbH	nein	nein	nein	nein	0	0	Kurzportrait der Generali Deutschland Immobilien GmbH
		Such-ergebnisse bei Yahoo!									
		Platz 1	http://www.combinedinsurance.co.uk/	Combined Insurance - Versicherer	ja	ja	nein	ja	2	3	englischer Versicherer mit engl./walisischem Recht
		Platz 2	http://www.csn-deutschland.de/bdy/en/tags/disability/	Chemicaln Sensivity Network	ja	nein	nein	nein	2	0	Aufklärung über Krankheiten, die berufsunfähig machen können
		Platz 3	http://www.allianz.com/en/press/news/financial_news/business_results/news_2007-08-21.html	Allianz Deutschland AG	ja	nein	nein	ja	3	1	Pressemitteilung eines neuen Produktes
		Platz 4	http://www.generali-deutschland.de/online/portal/gdinternet/de/content	Generali Deutschland Group	nein	nein	nein	nein	1	0	Wechsel auf englisch möglich; allgemeine Seite über das Unternehmen
		Platz 5	http://www.dailymotion.com/gb	Dailymotion S.A.	ja	ja	ja	nein	2	2	Video über Notwendigkeit und enthält Link auf USA-Versicherer

			URL	Anbieter					Bemerkungen
Suche Nr. 2 Deutschland+"KFZ-Versicherung"	Suchergebnisse bei Google	Platz 1	http://www.toytowngermany.com/lofi/index.php/t90310.html	The Local Europe GmbH	ja	nein	nein	2	3	Diskussionsforum und Links zu Versicherern und Versicherungsvermittlern
		Platz 2	http://www.trus7.com/de/foren/start_up_car_insurance_in_germany	netWalk IS Ltd.	ja	nein	nein	2	3	Diskussionsforum und Links zu Versicherungsvermittlern
		Platz 3	http://www.britishgermanassociation.org/spx/ul.php?eagena=213	British German Association	ja	ja	nein	3	4	Informationen vom Kauf eines KFZ, über Versicherung, Steuer und TÜV - Link zu Vergleichsrechner
		Platz 4	https://www.allianz.com/en/about_allianz/regions_countries/western_europe/germany/page1.html?tab=2	Allianz SE - Versicherer	ja	nein	nein	1	2	Verlinkung auf Direktversicherer, wo Online-Abschluss möglich ist, aber NUR auf deutsch
		Platz 5	http://berlin.angloinfo.com/af/22/berlin-german-insurance-car-bank-life.html	AngloINFO Ltd.	ja	ja	nein	3	4	Informationen über die KFZ-Versicherung und Links zu Versicherungsvermittlern
	Suchergebnisse bei Yahoo!	Platz 1	http://whatgas.com/car-finance/car-insurance.html	whatgas.com	ja	nein	nein	3	1	Erklärung der KFZ-Versicherungsarten - kein Versichererverweis
		Platz 2	http://www.daibmotion.com/tag/car-insurance/	Daibmotion S.A.	nein	nein	nein	2	0	deutsche Seite mit Option auf englisch zu schalten, Videos promoten Automodelle
		Platz 3	http://www.euslund.city-map.de/01010001/insurances/car-insurances		nein	nein	ja	2	2	Ein Eintrag Versicherungsvertreter der Allianz
		Platz 4	http://www.autoversicherung-online.info/KFZ-Versicherung/Comparison-Germany-USA-German-System	Anzahl Consulting GmbH Versicherungsmakler	ja	ja	ja	4	4	nur manche Seiten auf englisch - vergleichsrechner ist auf deutsch
		Platz 5	http://www.pressemeldung.at/tag/car-insurance/	pressemeldung.at	nein	nein	nein	1	1	Jeder kann Meldungen eintragen - Erklärungen für Wichtigkeit einer KFZ-Versicherung mit Links auf Vergleichsrechner

Suche	Platz	URL	Organisation						Bemerkung
Suche Nr. 3 Deutschland+ "Privat-Haftpflichtversicherung"									
Suchergebnisse bei Google	Platz 1	http://www.uni-goettingen.de/en_24378.html	Georg-August-Universität Göttingen	ja	ja	nein	3	3	Versicherungsschutz für ausländische Studenten - Link zum Bund der Versicherten und zu den Gelben Seiten auf deutsch
	Platz 2	http://www.toytowngermany.com/wiki/German_insurance	The Local Europe GmbH	ja	ja	nein	2	3	Diskussionsforum und Links zu Versicherern und Versicherungsvermittlern
	Platz 3	http://www.aaa.hu-berlin.de/en/de/wegweiser/09_09_09	Humboldt-Universität zu Berlin	ja	ja	ja	3	3	Inhalt der Seite Versicherungsschutz für ausländische Studenten - es gibt einen Link zum BaFin, wo alle Versicherer aufgeführt werden
	Platz 4	http://www-auslandsamt.uni-regensburg.de/haftpflicht_en.html	Universität Regensburg Akademisches Auslandsamt	ja	nein	ja	3	3	Inhalt der Seite Versicherungsschutz für ausländische Studenten - Kontakt zu Uni-Mitarbeitern, die weiterhelfen
	Platz 5	http://www.hoesch-partner.de/liability-insurance.html	Zentrale Frankfurt Hoesch & Partner GmbH - Versicherungsmakler	ja	ja	ja	4	4	Produktbeschreibung mit Terminvereinbarung und Angebotsanforderung
	Platz 1	http://www.uni-stuttgart.de/internat/practical/insurance/liability/index_en.html	Universität Stuttgart	ja	nein	nein	2	2	kurze Beschreibung, Kontaktdaten der Uni - keine tiefergehenden Infos
	Platz 2	http://www.hu-braunschweig.de/international-students/application/degree-preparation/insurance	Der Präsident der Technischen Universität Braunschweig	nein	ja	ja	3	3	Seite auf Deutsch, doch Länderflagge zum Wechsel auf englisch vorhanden, kurze Beschreibung, Kontaktdaten eines Versicherungsvertreters der Debeka
Suchergebnisse bei Yahoo!	Platz 3	http://www.gls-berlin.de/2038.html?&L=10%3Fix_brstatentsprofiles_pi1[showUid]%3D1%3Fix_br_studentsprofiles_pi1[showUid]%3D6	GLS Sprachenzentrum; German Language School	ja	nein	nein	3	2	keine Produktbeschreibung, nur Standardpaket für Aufenthalt in D wählbar, keine weitergehenden Infos
	Platz 4	http://www.reiseversicherungsvergleich.com/Travel-insurance-cover-for-Au-Pairs_Reiseversicherungsvergleich_71_ydk_kmcnue.html	TravelProtect GmbH	ja	ja	ja	4	3	speziell für Au-Pairs, Studenten und ausländ. Gäste
	Platz 5	http://www.caremed-assistance.com/pdf/police-e.pdf	CareMed GmbH - Reiseversicherer	ja	nein	nein	3	1	Reiseversicherung mit Reiseauftpflicht - PHV wird nur in Zusammenhang mit Mehrfachversicherung genannt

		URL	Anbieter				Bemerkung
Suche Nr. 4 "Deutschland+ Lebensversicherung"	Suchergebnisse bei Google	Platz 1	http://www.bvzl.de/index.php?language=de&main_id=2&sub_id=31&subsub_id=24	BVZL - Bundesverband Vermögensanlagen im Zweitmarkt LV e.V.	nein	nein	nein	1	0	Auflistung der Fördermitglieder des Kapital-LV Zweitmarktes
		Platz 2	http://www.marktforschung.de/studien-shop/marktdaten/altersvorsorge-rentenversicherung-lebensversicherung-165/file-insurance-in-germany-32366/	marktforschung.de c/o Aegidius Marktforschungsportal GmbH	nein	nein	nein	2	0	Studie erwerbbar über den LV-Markt in Deutschland
		Platz 3	http://www.allianz.com/de/index.html	Allianz SE - Versicherer	ja	nein	nein	1	2	allgemeine Seite
		Platz 4	http://bestlifeinsurancebrokers.com/	-	ja	ja	nein	0	3	kein Impressum, Kokntakt führt zu Hellseherin
		Platz 5	http://de.linkedin.com/in/jgnerok	LinkedIn Corporation	nein	nein	nein	3	0	im "Lebenslauf" steht lediglicher Begriff
	Suchergebnisse bei Yahoo!	Platz 1	https://www.allianz.com/de/index.html	Allianz SE - Versicherer	ja	nein	nein	1	2	Verlinkung auf Direktversicherer, wo Online-Abschluss möglich ist, aber NUR auf deutsch
		Platz 2	http://www.deutschland-pekert.ce/index.html	Acquire This Name, Inc.	ja	nein	nein	0	0	Domane sieht zum Verkauf
		Platz 3	http://www.vbs.tv/de/profiks/life_insurance	VBS	ja	nein	nein	0	0	Auflistung ähnnlicher Begriffe mit "life insurance"
		Platz 4	http://www.general-deutschland.de/online-portal/adinternet/enc/onent/311210/312196	AachenMünchener Lebensversicherung AG und Versicherung AG	ja	nein	ja	1	2	Profil des Mitglieds der GeneraliGenerali Deutschland Pensionskasse - Verlinkung zur GDP mit Produktbeschreibung NUR deutsch
		Platz 5	http://www.deutschland-als-ganzes.com	Acquire This Name, Inc.	ja	nein	nein	0	0	Domane sieht zum Verkauf

Suche Nr. 5 Deutschland+ "Unfallversicherung"	Suchergebnisse bei Google	Platz 1	http://www.hvbg.de/e/pages/index.html	Hauptverband der gewerblichen Berufsgenossenschaften (HVBG)	ja	nein	ja	3	3	gesetzliche Unfallversicherung!
		Platz 2	http://www.eracareers-germany.de/portal/accident_insurance_in.html	EURAXESS Germany/National Coordination Point at the Alexander von Humboldt Foundation	ja	nein	ja	4	3	gesetzliche und private Unfall - Link zum DAAD
		Platz 3	http://www.studentversicherung.de/affordable_student_health_insurance_germany.html	finanzen.de Vermittlungsgesellschaft für Verbraucherverträge AG und Tarifcheck24 GmbH	ja	nein	ja	4	4	hauptsächlich Krankenvers. Für ausländl. Studenten - Reiseversicherung
		Platz 4	http://www.studentenwerk-hannover.de/en-accident.html	Studentenwerk Hannover	ja	ja	ja	3	3	gesetzliche Unfallversicherung!
		Platz 5	http://search-bv-federal-state.english.unfallversicherung-deutschland.tc/	Tekosocial Vermögensverwaltung Ltd.	ja	nein	nein	0	0	soll helfen Informationen über Unfallversicherung zu finden, Suche über Bundesland, PLZ und Google Maps möglich; viele Begriffe auf Deutsch
	Suchergebnisse bei Yahoo!	Platz 1	http://www.combinedinsurance.co.uk	Combined Insurance - Versicherer	ja	nein	ja	2	3	englischer Versicherer mit engl./walisischem Recht - beim Wechsel auf Deutschland ist auch die Sprache ausschl. deutsch
		Platz 2	http://www.generali-deutschland.de/online/portal/gdinternetcontent/311210/312178	AachenMünchener Lebensversicherung AG und Versicherung AG	ja	nein	ja	1	2	Profil des Mitglieds der Generali/AachenMünchener - Verlinkung zur AM mit Produktbeschreibung NUR deutsch
		Platz 3	http://www.studentversicherung.de/affordable_student_health_insurance_germany.html	finanzen.de Vermittlungsgesellschaft für Verbraucherverträge AG und Tarifcheck24 GmbH	ja	nein	ja	4	4	hauptsächlich Krankenvers. Für ausländl. Studenten - Reiseversicherung
		Platz 4	http://www.bike-promotion.de/events_englversicherung.html	DT Bike Promotion Fahrtrainings GmbH	ja	ja	ja	3	3	Unfallversicherung speziell für Rennfahrer, die sonst aus den AVB ausgeschlossen sind
		Platz 5	http://www.ekors.eu/poland-insurance/	Ekors.eu	ja	ja	nein	2	3	nicht durchgängig englisch, Online-Abschluss wird angeboten, doch es gibt kein Formular, nur für Polen?

C Suchmaschinenauswertung – Ergebnisse Italienisch

Datum der Durchführung:	20.12.2010									
Suche Nr. / Suchbegriffe	Suchmaschine	Suchergebnis	Internetadresse/ Domain (z. B. www.beispiel.de)	Wer ist der Autor/ Herausgeber der Seite? (z. B. Proximus Versicherung AG)	Ist die Seite in der gewünschten Sprache gehalten? (ja/nein)	Wird das gesuchte Versicherungsprodukt beschrieben? (ja/nein)	Kann das gesuchte Versicherungsprodukt online abgeschlossen werden? (ja/nein)	Wird eine telefonische oder schriftliche Kontaktaufnahme angeboten? (ja/nein)	Wie benutzerfreundlich wird die Seite eingeschätzt? (0=gar nicht bis 5=sehr)	Wie informativ wird die Seite eingeschätzt? (0=gar nicht bis 5=sehr)	Bemerkungen
Suche Nr. 1 Deutschland+"Berufsunfähigkeitsversicherung"	Suchergebnisse bei Google	Platz 1	www.ab-biz.info/it/buy/service/?group=4009	ab-biz (Vers.-Vermittler)	ja	nein	nein	ja	2	1	
		Platz 2	www.patronato-inas.de	Patronato Inas (itl. Gewerkschaftsbund)	ja	nein	nein	ja	1	1	
		Platz 3	http://eur-lex.europa.eu/Notice.do?mode=dbl&lang=de&ihmlang=de&fr=de&rtf=de&el=en.fr.it.nl&val=89910:cs&page=	eur-lex (Europäische Gesetze)	ja	nein	nein	nein	0	0	
		Platz 4	http://ec.europa.eu/employment_social/social_security_schemes/national_schemes_summaries/de/2_02_it.htm	Commissione Europea (Kommission für Soziales)	ja	ja	nein	ja	2	3	
		Platz 5	http://www.inps.it/Docci/internet/pubblica/guida_italiana/germania/germani6.htm	INPS (ital. Gewerkschaftsbund)	ja	ja	nein	nein	2	3	
	Suchergebnisse bei Yahoo!	Platz 1	http://www.ahv-iv.mikvandere/0013-H/001386/index.html?dounwnload=N1ExLnZzg7Lhrp60NTU042IZ6InLab2o/Zn4Z2a/ZmO2Yuq2Z6spdCDdHxSgZvm16Cgp3/bsZc_JjKbNoK5n6A-~&lang=t	AVS/AHV Versicherung	ja	ja	nein	nein	1	1	
		Platz 2	http://homepage.mac.com/dr.keck/HD.html/Book/0005_010_003_print.html	Beauftragte der Bundesregierung für Migration, etc.	ja	ja	nein	nein	0	1	
		Platz 3	http://www.osec.ch/internet/osec/it/home/invest/it/handbook_labour_market/labour_social_insurance/disability_insurance.html	OSEC (Schweizer Wirtschaftsberatungsunternehmen)	ja	nein	nein	nein	0	0	
		Platz 4	http://www.justlanded.com/italiano/Germania/Guida-Germania/Salute/Assistenza-infermieristica	Justlanded	ja	nein	nein	ja	2	0	
		Platz 5	http://www.inps.it/Docci/internet/pubblica/guida_italiana/germania/germani6.htm	INPS (ital. Gewerkschaftsbund)	ja	ja	nein	nein	2	3	

xx

Suche Nr. 2 Deutschland+"KFZ-Versicherung"	Suchergebnisse bei Google	Platz 1	http://www.framor.info/assicurazioni/	Framor	ja	ja	nein	ja	4	4
		Platz 2	http://auto.trovit.it/auto-usate/costo-assicurazione-germania	trovit	ja	nein	nein	ja	1	0
		Platz 3	archiviostorico.corriere.it › Archivio	Corriere della sera (Zeitung)	ja	nein	nein	nein	0	0
		Platz 4	dormanck/risposte.tuttogratis.it › ... › Normative auto e moto	Tuttogratis	ja	nein	nein	nein	0	0
		Platz 5	http://it.answers.yahoo.com/question/index?qid=20100513131023AAzIddr	Yahoo Italia (Fragen/Antworten)	ja	nein	nein	nein	0	0
	Suchergebnisse bei Yahoo!	Platz 1	http://www.europarl.europa.eu/meetdocs/2004_2009/documents/cm/601/601662/601662it.pdf	Europäisches Parlament (Veröffentlichung)	ja	nein	nein	nein	0	0
		Platz 2	http://www.europarl.europa.eu/meetdocs/2004_2009/..p5_ta(2003)0446_it.pdf	Europäisches Parlament (Veröffentlichung)	ja	nein	nein	nein	0	0
		Platz 3	http://europa.eu/rapid/pressReleasesAction.do?reference=CJE/03/10&format=HTML&aged=0&language=it&guiLanguage=en	Europäisches Parlament (Veröffentlichung)		nein	nein	nein	0	0
		Platz 4	http://europa.eu/travel/getting/here/index_it.htm	Europa (Portal der Europäischen Union)	ja	nein	nein	nein	2	0
		Platz 5	http://www.admin.ch/ch/i/rs/0_741_583_9/13_6/	Schweizerische Eidgenossenschaft	ja	nein	nein	nein	0	0

xxi

Suche Nr. 3 Deutschland+"Privathaftpflichtversicherung"	Suchergebnisse bei Google	Platz 1	http://www.nationalsuisse.ch/it-CH/Privatkunden/Private_care/Gebaeude/CH-Gebaeudehaftpflicht.aspx	Nationale Suisse (Versicherung)	ja	ja	4	möglich auch online abzuschließen, aber nicht als Italiener in Deutschland, also habe ich hier ein "nein" eingetragen
		Platz 2	http://www.nationalsuisse.ch/it-CH/Privatkunden/Private_protect/Haftpflicht-Privathaftpflicht.aspx	Nationale Suisse (Versicherung)	ja	ja	4	möglich auch online abzuschließen, aber nicht als Italiener in Deutschland, also habe ich hier ein "nein" eingetragen
		Platz 3	https://www.nationalsuisse.ch/de-CH/Service/Kunden-Service/Offerte%20bestellen/Offerte%20Privathaftpflicht.aspx?sc_lang=it-CH	Nationale Suisse (Versicherung)	ja	ja	4	möglich auch online abzuschließen, aber nicht als Italiener in Deutschland, also habe ich hier ein "nein" eingetragen
		Platz 4	http://it-diritto.confisenet.com/showthread.php?t=5843-4	Confisenet (Forum)	ja	nein	0	
		Platz 5	http://www.helvetia.ch/it/privatkunden/versicherung-pk/privathaftpflicht.htm	Helvetia Schweiz	ja	ja	4	möglich auch online abzuschließen, aber nicht als Italiener in Deutschland, also habe ich hier ein "nein" eingetragen
	Suchergebnisse bei Yahoo!	Platz 1	http://www.altalex.com/index.php?idnot=41605	Altalex Consulting S.R.L.	ja	nein	0	
		Platz 3	http://www.nationalsuisse.ch/de-CH/Privatkunden/Private_protect/Haftpflicht.aspx?sc_lang=it-CH	Nationale Suisse (Versicherung)	ja	ja	4	möglich auch online abzuschließen, aber nicht als Italiener in Deutschland, also habe ich hier ein "nein" eingetragen
		Platz 3	http://www.vdwstalia.it/download/assicurazione.pdf	VDWS Italien	ja	nein	0	
		Platz 4	http://www.vdwstalia.it/download/assicurazione.pdf	Basilese Versicherung	ja	ja	4	
		Platz 5	http://www.rtc.bcchieri.cuessa/old/it/ius5.htm	Huk-Coburg	ja	ja	4	

Suche Nr. 4 Deutschland+"Lebensversicherung"	Such-ergebnisse bei Google	Platz 1	http://www.de.all-biz.info/it/buy/service/?group=4069	all-biz (Vers.-Vermittler)	ja	nein	ja	2	1
		Platz 2	http://www.industrystock.com/html/assicurazione%20sulla%20vita/product-result-it-107570-0.html	Industrystock (Verweist auf 4 Versicherer)	ja	nein	ja	2	2
		Platz 3	http://italiano.lebensversicherung-deutschland.tel/	tel (?)	ja	nein	nein	0	0
		Platz 4	http://homepage.mac.com/dr.keck/HfD/htmlbook/it005_010_005.html	Beauftragte der Bundesregierung für Migranten	ja	ja	nein	1	1
		Platz 5	http://www.justlanded.com/italiano/Germania/Guida-Germania/Denaro/Assicurazioni	justlanded.com	ja	ja	ja	3	3
	Such-ergebnisse bei Yahoo!	Platz 1	http://www.justlanded.com/italiano/Germania/Guida-Germania/Denaro/Assicurazioni	justlanded.com	ja	ja	ja	3	3
		Platz 2	http://homepage.mac.com/dr.keck/HfD/htmlbook/it005_010_005.html	Beauftragte der Bundesregierung für Migranten	ja	ja	nein	1	1
		Platz 3	http://www.pax.ch/it/01-toolsservices/tfs-index/tfs-fondsabc.htm	Pax (Schweizer Versicherung)	ja	ja	nein	3	3	möglich auch online abzuschließen, aber nicht als Italiener in Deutschland, also habe ich hier ein "nein" eingetragen
		Platz 4	http://www.pax.ch/it/privatkunden/offertanfrage-afk3b.htm	Pax (Schweizer Versicherung)	ja	ja	nein	3	3	möglich auch online abzuschließen, aber nicht als Italiener in Deutschland, also habe ich hier ein "nein" eingetragen
		Platz 5	http://it.answers.yahoo.com/question/index?qid=20070821101528AAtlDApP	Yahoo Forum (Fragen/Antworten)	ja	nein	nein	0	0

xxiii

Suche Nr. 5							
Suchergebnisse bei Google	Platz 1	http://www.justlanded.com/italiano/Germania/Guida-Germania/Lavoro/Assicurazione-contro-gli-infortuni	justlanded.com	ja	ja	nein	ja	3	3
	Platz 2	http://osha.europa.eu/fop/osnetwork/focal-points/germany/index_html	European Agency for Safety and Health at Work	ja	nein	nein	ja	3	1
	Platz 3	http://www.patronato-inca.de/IT/index.php?option=com_content&view=article&id=214&Itemid=183	Gewerkschaftsbund für ital. Arbeitnehmer	ja	nein	nein	nein	2	1 möglich auch online abzuschließen, aber nicht als Italiener in Deutschland, also 4 habe ich hier ein "nein" eingetragen
	Platz 4	http://www.nationalesuisse.ch/Geschaeftskunden/Business%20loc/UVG%20-%20Unfall.aspx?sc_lang=it-CH	Nationale Suisse (Versicherung Schweiz)	ja	ja	nein	ja	3	
	Platz 5	http://www.nationalesuisse.ch/Privatkunden/Private_live/Unfall.aspx?sc_lang=it-CH	Nationale Suisse (Versicherung Schweiz)	ja	ja	nein	ja	3	möglich auch online abzuschließen, aber nicht als Italiener in Deutschland, also 4 habe ich hier ein "nein" eingetragen
Suche Nr. 5 Deutschland+"Unfallversicherung"									
Suchergebnisse bei Yahoo!	Platz 1	http://www.justlanded.com/italiano/Germania/Guida-Germania/Lavoro/Assicurazione-contro-gli-infortuni	justlanded.com	ja	ja	nein	ja	3	3
	Platz 2	http://www.justlanded.com/italiano/Germania/Guida-Germania/Lavoro	justlanded.com	ja	ja	nein	ja	3	3
	Platz 3	http://www.osec.ch/internet/osec/it/home/invest/handbook/labour_market_labour/social_insurance/accident_insurance.html	OSEC (Schweizer Wirtschaftsberatungsunternehmen)	ja	nein	nein	nein	0	0
	Platz 4	http://www.inps.it/Docs/c_internet/pubblica-guida_italiano/germania/germit05.htm	INPS (ital. Gewerkschaftsbund)	ja	ja	nein	nein	2	1
	Platz 5	http://www.gazzettadellavoro.com/tutela-infortunio-lavoro-germania/3578/	Gazzetta del lavoro (Zeitung)	ja	nein	nein	nein	0	0

D Suchmaschinenauswertung – Ergebnisse Polnisch

Datum der Durchführung:	29.12.2010									
Suche Nr. / Suchbegriffe	Suchmaschine	Suchergebnis	Internetadresse/ Domain (z. B. www.beispiel.de)	Wer ist der Autor/ Herausgeber der Seite? (z. B. Proximus Versicherung AG)	Ist die Seite in der gewünschten Sprache gehalten? (ja/nein)	Wird das gesuchte Versicherungsprodukt beschrieben? (ja/nein)	Kann das gesuchte Versicherungsprodukt online abgeschlossen werden? (ja/nein)	Wird eine telefonische oder schriftliche Kontaktaufnahme angeboten? (ja/nein)	Wie benutzerfreundlich wird die Seite eingeschätzt? (0=gar nicht bis 5=sehr)	Wie informativ wird die Seite eingeschätzt? (0=gar nicht bis 5=sehr)	Bemerkungen
Suche Nr. 1 Deutschland+"Berufsunfähigkeitsversicherung"	Suchergebnisse bei Google	Platz 1	http://bezpieczne.de	Kamila Śliwa	ja	ja	nein	ja	2	4	Vermittlerbüro
		Platz 2	http://www.interjob.at	http://www.interjob.at	ja	ja	nein	ja	1	2	Infoseite, verweist auf pklf.de
		Platz 3	http://zdrowotne.blog.de		nein	nein	nein	ja	3	1	polnische Wortbrocken
		Platz 4	http://www.germanco.pl		ja	nein	nein	nein	3	2	Infoseite zur Arbeit in Deutschland
		Platz 5	http://www.pso-prostu.eu		ja	ja	nein	nein	2	3	Infoseite
	Suchergebnisse bei Yahoo!	Platz 1	http://www.interjob.at	http://www.interjob.at	ja	ja	nein	ja	1	2	Infoseite, verweist auf pklf.de
		Platz 2	http://zdrowotne.de/		ja	ja	nein	ja	3	2	Infoseite
		Platz 3	http://www.pso-prostu.eu		ja	ja	nein	ja	2	3	Infoseite
		Platz 4	http://www.pklf.de	PLDF GmbH	ja	nein	nein	ja	3	4	Vermittlerbüro, Erwähnung der Versicherung
		Platz 5	http://www.mpolicy.de	Neurm Investments	ja	nein	nein	nein	3	2	Ratgeberseite

									Ist ein Forum das sich mit Fragen zu versicherungen im EU Ausland beschäftigt
Suche Nr. 2 Deutschland+"KFZ-Versicherung"	Such-ergebnisse bei Google	Platz 1	http://forumprawne.org	nein, das ist ein Forum	ja	nein	nein	nein	2	3
		Platz 2	http://www.polonaberlin.de	nein, das ist ein Forum	ja	nein	nein	nein	1	1 Ein weiteres Forum. Beitrag ist aus 2005
		Platz 3	http://www.mypolicy.de	Neutrin Investments	ja	ja	nein	nein	3	4 Ratgeberseite
		Platz 4	http://www.pldf.de	PLDF GmbH	ja	ja	nein	ja	3	4 Vermittlerbüro
		Platz 5	http://bezpiecznie.de	Kamila Śliwa	ja	ja	nein	ja	2	4 Vermittlerbüro
	Such-ergebnisse bei Yahoo!	Platz 1	http://www.polonaberlin.de	nein, das ist ein Forum	ja	ja	nein	ja	2	4 Vermittlerbüro
		Platz 2	http://www.polonaberlin.de	nein, das ist ein Forum	ja	nein	nein	nein	1	1 Ein weiteres Forum. Beitrag ist aus 2008, keine Relevanz
		Platz 3	http://www.interjob.at	http://www.interjob.at	ja	ja	nein	ja	1	2 Infoseite, verweist auf pldf.de
		Platz 4	http://www.sozpol.com	SozPol	ja	ja	nein	nein	3	3 Ratgeberseite
		Platz 5	http://www.international-accident.com	Accident Injury Attorney Gerrja	ja	nein	nein	2	1 bei Unfällen in Deutschland/ in der EU

Suche Nr. 3 Deutschland+"Privathaftpflichtversicherung"	Suchergebnisse bei Google	Platz 1	http://www.interjob.at	http://www.interjob.at	ja	nein	ja	1	2 Infoseite, verweist auf pkfl.de
		Platz 2	http://bezpieczenie.de	Kamila Śliwa	ja	nein	ja	2	4 Vermittlerbüro
		Platz 3	http://forumprawne.org	nein, das ist ein Forum	nein	nein	nein	2	3 Ist ein Forum das sich mit Fragen zu versicherungen im EU Ausland beschäftigt
		Platz 4	http://de.linkedin.com		nein	nein	ja	1	1 polnische Wortbrocken
		Platz 5	http://forum.gazeta.pl	nein, das ist ein Forum	ja	nein	nein	2	Ein Forun einer großen polnischen 3 Tageszeitung
	Suchergebnisse bei Yahoo!	Platz 1	http://bezpieczenie.de	Kamila Śliwa	ja	nein	ja	2	4 Vermittlerbüro
		Platz 2	http://ubezpieczenia-frankfurt.com	Kamila Śliwa	nein	nein	nein	2	4 Vermittlerbüro
		Platz 3	http://www.sozpol.com	SozPol	ja	nein	ja	3	3 Ratgeberseite
		Platz 4	http://zdrowotne.de/		nein	nein	ja	3	2 Nur minifnfo
		Platz 5	http://f-c-fuerst.de/	Finanz Concept	ja	nein	ja	4	4 Vermittlerbüro

Suche Nr. 4 Deutschland+"Lebensversicherung"	Suchergebnisse bei Google	Platz 1	http://www.justlanded.com		ja	ja	nein	3	3 Infoseite
		Platz 2	http://www.interjob.at	http://www.interjob.at	ja	ja	ja	1	2 Infoseite, verweist auf pkfd.de
		Platz 3	http://memcy.zuchlebem.info		ja	ja	nein	2	2 Infoseite
		Platz 4	"Unsinn"						
		Platz 5	"Unsinn"						
	Suchergebnisse bei Yahoo!	Platz 1	http://ubezpieczenia-frankfurt.com/	Kamila Śliwa	ja	nein	ja	2	4 Vermittlerbüro
		Platz 2	http://ubezpieczenia-ubezpieczenie.de/		nein	nein	ja	1	1 Vermittlerbüro
		Platz 3	http://bezpieczenia.de	Kamila Śliwa	ja	nein	ja	2	4 Vermittlerbüro
		Platz 4	http://www.pldf.de	PLDF GmbH	ja	ja	ja	3	4 Vermittlerbüro
		Platz 5	http://zdrowotne-ubezpieczenia.de/		nein	nein	ja	1	1 Vermittlerbüro

Suche Nr. 5 Deutschland+"Unfallversicherung"	Suchergebnisse bei Google	Platz 1	http://www.euro-contact.info	euro-contact	ja	ja	nein	ja	3	4 Angebot kann online engeholt werden
		Platz 2	http://www.cacp.pl		ja	nein	nein	nein	1	1 Aufruf eines alten PDF Dokuments
		Platz 3	http://bezpieczne.de	Kamila Śliwa	ja	ja	nein	ja	2	4 Vermittlerbüro
		Platz 4	http://www.ubezpieczenie-afrowotnic.de/	PLDF GmbH	ja	nein	nein	ja	4	Angeboten wird eine private 2 Krankenversicherung
		Platz 5	http://de.linkedin.com		nein	nein	nein	ja	1	1 polnische Wortbrocken
	Suchergebnisse bei Yahoo!	Platz 1	http://www.euro-contact.info	euro-contact	ja	ja	nein	ja	3	4 Angebot kann online engeholt werden
		Platz 2	http://polskie-buro.eu		ja	nein	nein	ja	3	2 Vermittlerbüro
		Platz 3	http://www.ubezpieczenie-afrowotnic.de/	PLDF GmbH	ja	nein	nein	ja	4	Angeboten wird eine private 2 Krankenversicherung
		Platz 4	http://wypadkowe.de/		nein	nein	nein	ja	1	1 Vermittlerbüro
		Platz 5	http://www.pldf.de	PLDF GmbH	ja	ja	nein	ja	3	4 Vermittlerbüro

E   Suchmaschinenauswertung – Ergebnisse Russisch

Datum der Durchführung:	06.01.2011								
Suche Nr./ Suchbegriffe	Suchmaschine	Suchergebnis	Internetadresse/ Domain (z. B. www.beispiel.de)	Wer ist der Autor/ Herausgeber der Seite? (z. B. Proximus Versicherung AG)	Ist die Seite in der gewünschten Sprache gehalten? (ja/ nein)	Wird das gesuchte Versicherungsprodukt beschrieben? (ja/ nein)	Kann das gesuchte Versicherungsprodukt online abgeschlossen werden? (ja/ nein)	Wird eine telefonische oder schriftliche Kontaktaufnahme angeboten? (ja/ nein)	Wie benutzerfreundlich wird die Seite eingeschätzt? (0=gar nicht bis 5=sehr)	Wie informativ wird die Seite eingeschätzt? (0=gar nicht bis 5=sehr)	Bemerkungen
Suche Nr. 1 Deutschland+"Berufsunfähigkeitsversicherung"	Suchergebnisse bei Google	Platz 1	http://www.dshr.ude/Nowostiversicherung.html		ja	ja	nein	nein	0	3	Erläuterung welche Versicherungen es gibt, und zwar in deutscher und russischer Sprache
		Platz 2	http://sparwelt.ru-geld.de/Versich.php		ja	ja	nein	nein	1	3	
		Platz 3	http://web-globus.de/articles/struktura_pensionnogo_o bespechenia_v_germanii		ja	ja	nein	nein	1	3	
		Platz 4	http://inform.de/public_drask.php?kis=1870		ja	ja	nein	ja	2	3	
		Platz 5	http://pda.coolreferat.com/		ja	nein	nein	ja	1	2	Schulaufsatz
	Suchergebnisse bei Yahoo!	Platz 1	http://www.dshrude/Nowostiversicherung.html								Erläuterung welche Versicherungen es gibt, und zwar in deutscher und russischer Sprache
					ja	ja	nein	nein	0	3	Sprache
		Platz 2	http://www.invest24.com/news/pegdast_g ostju_v_germaniju_stalo_eshhe_trudnee/20 10-12-14-192		ja	ja	nein	nein	2	2	
		Platz 3	http://sparwelt.ru-geld.de/Versich.php		ja	ja	nein	nein	1	3	
		Platz 4	http://www.vorota.de/WEB447.AxCMS		ja	ja	nein	ja	3	4	
		Platz 5	http://www.partner-inform.de/news.php?kis=2189_all_1_?		ja	ja	nein	nein	2	2	

xxx

Suche Nr. 2 Deutschland+"KFZ-Versicherung"	Suchergebnisse bei Google	Platz 1	http://spargeld.ru-geld.de/Auto.php	ja	ja	nein	nein	1	3
		Platz 2	http://auto.ru/	ja	ja	nein	ja	2	3
		Platz 3	http://auto.ru/de/thread.php?postid=6836	ja	ja	nein	nein	2	2 Forum
		Platz 4	http://www.dsfn.de/Nowosti/versicherungvergleich.html	ja	ja	nein	nein	0	3 Erläuterung welche Versicherungen es gibt, und zwar in deutscher und russischer Sprache
		Platz 5	http://www.partner-inform.de/rubrik_druck.php?id=1386	ja	ja	nein	ja	2	3
	Suchergebnisse bei Yahoo!	Platz 1	http://rutisk.com/car-rental	ja	nein	nein	nein	1	1 Autovermietung in Deutschland
		Platz 2	http://anzeigen.ru-geld.de/anzeigen.php?aid=2&unid=139&bcgrnn=0	nein	nein	nein	nein	2	1
		Platz 3	http://catalyz.aport.ru/rus/themes.aspx?id=1541&r=33	ja	nein	nein	nein	0	0
		Platz 4	http://www.dw-world.de/dw/article/0,3737088,00.html	ja	nein	nein	nein	1	1 zeitschriftenartikel über Kfz-Vers.
		Platz 5	http://www.kcherbber.com/taps/rubk	ja	ja	nein	nein	2	2 Forum

xxxi

Suche Nr. 3 Deutschland+"Privathaftpflichtversicherung"							Erläuterung welche Versicherungen es gibt, und zwar in deutscher und russischer Sprache
Suchergebnisse bei Google	Platz 1	http://www.dsht.de/Nowostiversicherung.html	ja	nein	nein	0	3
	Platz 2	http://www.infozenr.de/ru/articles/content/147	ja	nein	ja	4	4
	Platz 3	http://www.mir-vokrug.com/?p=10	ja	nein	ja	4	4
	Platz 4	http://www.rozetka.de/post/50477.html&Khghght=	nein	nein	nein	1	1 Forum
	Platz 5	http://www.dissland.com/catalog/strahovanie_grazhdanskov_otvestvennosti_vladchev_aviotransportnih_siedstv.html	ja	nein	nein	0	1 Schlußsatz
Suchergebnisse bei Yahoo!	Platz 1	http://www.tatsachen-ueber-deutschland.de/ru/society/content/glossary/0/8.html?type=1000&no_cache=1&tx_a21glossary[uid]=1423&cHash=0d1196daa7	ja	nein	nein	0	0
	Platz 2	http://www.germaniaru.de/uslugi/prochee/92792.html	The requested URL /uslugi/prochee/92792.html was not found on this server. nein	nein	nein	0	0
	Platz 3	http://www.dsht.de/Nowostiversicherung.html	ja	nein	nein	0	3 Sprache
	Platz 4	http://www.resecare.ds.ru/iri/	Error 404 nein	nein	nein	0	0
	Platz 5	http://www.sovag.de/impressum.html?language=ru	SOVAG ja	nein	ja	4	4 Deutsche Versicherungsgesellschaft

							Erläuterung welche Versicherungen es gibt, und zwar in deutscher und russischer Sprache
Suche Nr. 4 Deutschland+"Lebensversicherung"	Suchergebnisse bei Google	Platz 1	http://www.dsfra.de/Nowostiversicherung.html	ja	ja	nein	0	3
		Platz 2	http://www.kfb.de/ru/investicii/nakopitelnoe-strakhovanie-zhizni.html	ja	ja	nein	3	3
		Platz 3	http://www.de.all-biz.info/ru/bno/service/?rubric=1581	ja	nein	nein	3	3
		Platz 4	http://www.germaniaru.de/rabota/predlagayu_rabotu/strahovanie91091.html "The requested URL /rabota/predlagayu_rabotu/strahovanie91091.html was not found on this server."	nein	nein	nein	0	0
		Platz 5	http://www.cccp.de/talk/?news=9549&page=0)&dir=3	ja	ja	nein	1	2
	Suchergebnisse bei Yahoo!	Platz 1	http://www.cccp.de/talk/?news=9549&page=0)&dir=3	ja	ja	nein	1	1
		Platz 2	http://rg-rb.de/2010/37/2d.shtml	ja	ja	nein	2	2 artikel über LV
		Platz 3	http://anzeigen.ru-geld.de/anzeigen.php?aid=2&uid=139&begin=0	nein	nein	nein	2	1
		Platz 4	http://www.dw-world.de/dw/article/0,5765573,00.html	ja	ja	nein	2	2 artikel über LV
		Platz 5	http://www.euro-council.com	ja	nein	nein	0	0

Suche Nr. 5 Deutschland+"Unfallversicherung"						Erläuterung welche Versicherungen es gibt, und zwar in deutscher und russischer Sprache
Suchergebnisse bei Google	Platz 1	http://www.dshr.de/Newost/versicherung.html	ja	ja	nein	3	0
	Platz 2	http://www.semjakt.de/fragen.html/tema.html	ja	ja	nein	2	2
	Platz 3	http://www.russian-german-smoles.de/forum.html	ja	ja	nein	2	2
	Platz 4	http://www.infozentr.de/ru/articles/content/147	ja	ja	ja	4	4
	Platz 5	http://www.partner-inform.de/public_druck.php?ids=2043	ja	ja	ja	2	3
Suchergebnisse bei Yahoo!	Platz 1	http://russland.ahk.de/fileadmin/user_upload/Dokumente/Publikationen/Impuls/2008.08.01impulsWeb.pdf	ja	nein	nein	0	0
	Platz 2	http://rusalka.kolo.org/skachat-rusifikator-fotoshop-m.html	ja	nein	nein	0	0 Dating?!
	Platz 3	http://osiost.lampazz/rockragazze it seks-s-kosilkoi-populiarnw-aro.html	ja	nein	nein	0	0
	Platz 4	-					
	Platz 5	-					

F Suchmaschinenauswertung – Ergebnisse Türkisch

Datum der Durchführung:	03.01.2011									
Suche Nr./ Suchbegriffe	Suchmaschine	Suchergebnis	Internetadresse/ Domain (z. B. www.beispiel.de)	Wer ist der Autor/ Herausgeber der Seite? (z. B. Proximus Versicherung AG)	Ist die Seite in der gewünschten Sprache gehalten? (ja/nein)	Wird das gesuchte Versicherungsprodukt beschrieben? (ja/nein)	Kann das gesuchte Versicherungsprodukt online abgeschlossen werden? (ja/nein)	Wird eine telefonische oder schriftliche Kontaktaufnahme angeboten? (ja/nein)	Wie benutzerfreundlich wird die Seite eingeschätzt? (0=gar nicht bis 5=sehr)	Wie informativ wird die Seite eingeschätzt? (0=gar nicht bis 5= sehr)	Bemerkungen
Suche Nr. 1 Deutschland+"Berufsunfähigkeitsversicherung"	Suchergebnisse bei Google	Platz 1	http://www.care-concept.de/auslaendische_gaeste_trk.php? navilang=trk		ja	ja	ja	ja	5	5	
		Platz 2	http://www.halkbank-info.de/AGBTr.html		ja	nein	nein	nein	0	0	
		Platz 3	http://www.tandem-frankfurt.de/tuerkisch/seiten/visum.html		ja	nein	nein	nein	0	0	
		Platz 4	http://www.migrazine-deutschland.de/tr/ekonomi/sirkctcheckioerlerysazar/article/massnahmen-gegen-die-krise.html		ja	nein	nein	nein	0	0	
		Platz 5	http://www.123people.de/s/ak+saporta		ja	nein	nein	nein	0	0	
	Suchergebnisse bei Yahoo!	Platz 1	http://www.dvka.de/oeffentlicheSeiten/Fremdsprachen/Englisch.htm		ja	nein	nein	nein	0	0	krankenversicherung bei auslandsreisen
		Platz 2	http://www.konsulate.de/arkivarkiv_guesac_ausknd_tr.php		ja	nein	nein	nein	3	3	
		Platz 3	http://www.care-concept.de/auslaendische_gaeste_trk.php? navilang=trk		ja	ja	ja	ja	5	5	
		Platz 4	http://www.drkoekhac.de/31-3-tedavi-sucreci.html		ja	nein	nein	nein	0	0	Zahnversicherung
		Platz 5	http://www.auslandsversicherung.de/hastali k-sigortasi_ortaktma.html?rmu=1		ja	ja	ja	ja	4	4	

Suche Nr. 2 Deutschland-"KFZ-Versicherung"	Suchergebnisse bei Google	Platz 1	https://www.allianz.de/loesungen-fuer-ihre-lebenslage-produkte/autoversicherung; https://vertretung.allianz.de/frank.hollander/privatkunden/loesungen-fuer-ihre-lebenslage/produkte/autoversicherung/index.html?cluster=tab-0	Allianz	ja	ja	nein	ja	4	Allianz Vertretung mit genau gleichen Informationen vom Platz 1
		Platz 2		Allianz	ja	ja	nein	ja	4	
		Platz 3	http://www.otomagazin.net/haber-901-2010-yili-zorunlu-trafik-sigortasi-fiyatlari-guncel.html	OtoMagazin.net Tüm Hakları Saklıdır	ja	nein	nein	nein	2	Türkische Webseite: Auto-Magazinseite
		Platz 4	http://kacetimiz.com/Otomobil-sigortasi		ja	ja	ja	ja	0	Türkische Webseite einer türkischen Versicherung für die Türkei
		Platz 5	http://www.onlinecto.com/bilgi/trafik-sigortasi-police-sorgulama_6		ja	ja	ja	ja	0	Türkische Webseite: Türkische Versicherungsprüfung
	Suchergebnisse bei Yahoo!	Platz 1	http://www.morbiber.com/AdvertisementsShowDetail.aspx?AdvertiseId=206&UserId=40216		ja	nein	nein	ja	2	Türkische Webseite
		Platz 2	http://www.garbetport.com/avrupa-haberleri/hollanda-2230-hollandanin-en-ucuz-sigorta-sirketi-itsbard.html		ja	nein	nein	nein	1	Werbung für hollandische Versicherung
		Platz 3	http://www.haberler.com/100-bin-avustuyalının-saglik-sigortasi-yok-2087208-haberi/		ja	nein	nein	nein	1	
		Platz 4	http://www.sabah.de.tr/haklm-sigortasi-primler-artiyor.html		ja	nein	nein	nein	0	Türkische Zeitschrift - Krankenvers.
									0	Türkische Zeitschrift
		Platz 5	http://www.ozbenkmzmen.com/genel/kredi-alirken-hayat-sigortasi-yaptimak-kızım.html		ja	ja	nein	ja	3	Türkische Webseite (nur informativ)

Suche Nr. 3 Deutschland+"Privathaftpflichtversicherung"	Suchergebnisse bei Google	Platz 1	https://www.allianz.de/loesungen-faer-ihre-lebensshop/produkte/privaathaftpflichtversicherung/index.html	Allianz	ja	ja	nein	ja	4	4	Übersetzungsseite
		Platz 2	http://en.bab.la/dictionary/turkish-englsh/ck-sorumluluk-sigortasi-ii	bab.la GmbH - Wortschatz, Vokabular und Übersetzungen	ja	nein	nein	nein	0	0	Übersetzungsseite
		Platz 3	http://tr.bab.la/sozluk/turkce-almanca/breyesel-sorumluluk-sigortasi	bab.la GmbH - Wortschatz, Vokabular und Übersetzungen	ja	nein	nein	nein	0	0	Übersetzungsseite
		Platz 4	http://www.sigortalardan.com/zorunlu-deprem-sigortasi/maticahlte-sorumluluk-sigortasi.html		ja	ja	nein	nein	2	1	Türkische Webseite
		Platz 5	http://www.mahsebenet.net/2010-msleki sorumluluk sigortasi.html		ja	ja	nein	nein	2	3	Türkische Webseite
	Suchergebnisse bei Yahoo!	Platz 1	http://arabam24.net/index.php?option=com_content&view=article&id=53&Itemid=69&lang=tr	FDM GmbH, Versicherungsvergleiche	nein	ja	ja	ja	5	4	Vergleichseite für die Handelhaftpflichtversicherung
		Platz 2	http://www.dolensigorta.com/kerikarac4.htm		ja	nein	nein	nein	1	1	Türkische Versicherungsseite
		Platz 3	http://www.kvrkim.com/tr/artijarti-kategori-diger.html		ja	ja	nein	ja	0	0	Türkische Versicherungsseite
		Platz 4	http://www.inceopisigorta.tr.gg/#		ja	ja	nein	ja	0	0	Türkische Versicherungsseite
		Platz 5	http://www.utkis-can.com/index.php?option=com_frontpage&Itemid=1&limit=4&limitstart=28		ja	ja	nein	nein	0	0	Türkische Versicherungsseite

xxxvii

Suche Nr. 4 Deutschland-"Lebensversicherung"								
Suchergebnisse bei Google	Platz 1	http://tr.bab.la/sozluk/turkce-almanca-yasam-sigortasi	bab.la GmbH - Wortschatz, Vokabular und Übersetzungen	ja	nein	nein	0	0 Übersetzungsseite
	Platz 2	http://www.vatanturk.com/t/story.asp?sto_ry_id=246		ja	nein	ja	0	Vermittler für Lebensversicherung in Österreich
	Platz 3	http://www.enlil.de/FikihY/yasam_sigortasi.htm		ja	ja	nein	3	1 Türkische Webseite
	Platz 4	http://www.ekodialog.com/Sigortacilik/bireysel-emeklilik-sistemi-hayat-sigortasi.html		ja	ja	nein	3	Türkische Webseite über die Versicherungen in der Türkei
	Platz 5	http://bh10.com/cacca-hosting.net/upkoads/ekvestnavitk23u709.pdf		ja	ja	ja	4	5 Broschüre von Helvetia Österreich
Suchergebnisse bei Yahoo!	Platz 1	http://www.piyasa.at/tr/story.asp?story_id=300	Vermittler für Lebensversicherung in Österreich	ja	nein	nein	3	2
	Platz 2	http://www.enlil.de/FikihY/yasam_sigortasi.htm	Ekrem Yoku	ja	nein	nein	0	1
	Platz 3	http://www.cansigorta.com/SigortalarHayat.php		ja	ja	ja	3	4 Türkische Versicherungsseite
	Platz 4	http://www.ozlemdenizen.com/genel/kredi-ahrken-hayat-sigortasi-yaptirmak-lazim.html		ja	ja	nein	1	1 Türkische Webseite (nur informativ)
	Platz 5	http://www.erersigorta.com		ja	nein	nein	2	0 Türkische Versicherungsseite

Suche Nr. 5 Deutschland+"Unfallversicherung"	Suchergebnisse bei Google	Platz 1	http://tr.bab.la/sozluk/turkce-almanca/kaza-sigortasi	bab.la GmbH - Wortschatz, Vokabular und Übersetzungen	ja	nein	nein	0	0 Übersetzungsseite
		Platz 2	https://www.allianz.de/produkte/risikolebensversicherung/unfallversicherung/index.html	Allianz	ja	nein	ja	4	3
		Platz 3	http://www.sigortabrodan.com/hayat-sigortasi-haberleri/ferdi-kaza-sigortasi.html		ja	nein	nein	3	3 Türkische Versicherungsseite
		Platz 4	http://www.viyanachberi.com/tr/story.asp?story_id=316	Helvetia	ja	nein	nein	1	Türkischer Vermittler für die Helvetia Versicherung Viyana 1 Versicherung, Unfall
		Platz 5	http://www.nuernberg.de/internet/gesundheitsamt/unfallversicherung_t.html		ja	nein	nein	0	0 gesetzl. Unfall
	Suchergebnisse bei Yahoo!	Platz 1	http://piasa.at/tr/story.asp?story_id=290	Helvetia	ja	nein	nein	1	Türkischer Vermittler für die Helvetia Versicherung Viyana 1 Versicherung,
		Platz 2	http://arabam24.net/index.php?option=com_content&view=article&id=65&Itemid=84&lang=tr	FDM GmbH, Versicherungsvergleiche	nein	ja	ja	5	4
		Platz 3	http://www.konsulate.de/arkiv/arkv.gueste_ausland_tr.php		ja	nein	nein	3	3 vom Konsulat, nur informativ und in Deutsch
		Platz 4	http://caddebostansporta.com/	HDI	ja	nein	ja	0	0 Türkische Versicherungsseite
		Platz 5	http://www.gazeten.com/ferdi-kaza-sigortasi		ja	nein	nein	0	3 Türkische Webseite (nur informativ)

xxxix